跨界跨代的台灣研究

北美台灣研究學會（NATSA）二十年

Crossing Disciplines and Generations: 20 Years of NATSA

作者一潘美玲、林繼文、張隆志、楊孟軒
蕭新煌、林子倫、江俊宜、侯志仁
黃丞儀、曾薰慧、李宜澤、謝力登
梁志鳴、許菁芳、涂豐恩、鄭肇祺
依文章先後順序

本書由曹永和文教基金會補助出版
巨流圖書公司印行

跨界跨代的台灣研究

北美台灣研究學會（NATSA）二十年

國家圖書館出版品預行編目（CIP）資料

跨界跨代的台灣研究——北美台灣研究學會（NATSA）二十年／潘美玲等著 .-- 初版 .-- 高雄市：巨流，2016.08
面；　公分
ISBN 978-957-732-524-2　（平裝）
1. 北美台灣研究學會 2. 區域研究 3. 文集 4. 台灣
733.06　105009823

著　　者　潘美玲、林繼文、張隆志、楊孟軒、蕭新煌、林子倫、江俊宜、侯志仁、黃丞儀、曾薰慧、李宜澤、謝力登、梁志鳴、許菁芳、涂豐恩、鄭肇祺（依文章先後順序）

責任編輯　沈志翰
封面設計　毛湘萍
封面藝術　Yu Hyang Lee Hsiao

發 行 人　楊曉華
總 編 輯　蔡國彬

出　　版　巨流圖書股份有限公司
80252 高雄市苓雅區五福一路 57 號 2 樓之 2
電話：07-2265267
傳眞：07-2233073
e-mail: chuliu@liwen.com.tw

編 輯 部　23445 新北市永和區秀朗路一段 41 號
電話：02-29229075
傳眞：02-29220464

劃撥帳號　01002323 巨流圖書股份有限公司
購書專線　07-2265267 轉 236

法律顧問　林廷隆律師
電話：02-29658212

出版登記證　局版台業字第 1045 號

ISBN 978-957-732-524-2（平裝）
初版一刷・2016 年 8 月

定價：350 元

目錄

序言

跨世代的新旅程

一項嚴肅的籲求

黃煌雄

台灣研究基金會創辦人

前立法委員、監察委員

1982年7月24日，在第一任立委首次訪美的最後一場公開演講（在洛杉磯），以「台灣的昨天、今天與明天」為主題，我向超過一千位以上的台灣鄉親這樣說道：

> 台灣，快則三到五年，慢則五到十年，不管我們是否高興，也不管我們是否歡迎，終將迎接一個關鍵性轉變的時代。

這是一個前瞻性的提醒。1988年1月，隨著強人蔣經國病逝，「關鍵性轉變的時代」正式到來；同年3月，台研會便是在這個「關鍵性轉變」的時點背景下成立。

台研會成立之際，即與1980年代的學運世代同行。從台研會成立第二年起，便支持以碩士生為主體，完全自主舉辦的「新生代論文研討會」（NGC），且連續支持九屆（1989年到1997年）。其中不少碩士研究生畢業以後，分別到美歐各國大學繼續攻讀博士，他（她）們從1995年起，開始在美國舉辦「北美洲台灣研究年會」（NATSC）[1]，由於NATSC初期的推動者及參與者和NGC的推動者及參與者，不論在成員上和脈絡上，都有著濃濃的連結關係，台研會很自然視NATSC為NGC精神的延續和擴大。因此從第一屆起便全力支持，且連續支持十七屆

[1] 編按：NATSC於公元2000年中由年會更名學會，也就是NATSA。本文中相關組織的英文簡稱，為保留文脈原意，尊重作者個人用法。

（1995 年到 2011 年）。台研會今年已跨入第二十八年，其中與 NGC 和 NATSC「兩會」同行時間長達二十三年（九屆加十七屆共二十六年，但其中有三屆重疊，故為二十三年）。兩者關係可謂既深且久，難怪學運世代提到台研會，都會親切地稱「我們的台研會」，是溫暖的「窩」、安心的「家」。

在戒嚴的威權統治期間，台灣只是統治者的「工具」，長期失去「自我」，也忘掉「自我」；解嚴之後，在尋找「自我」及建立台灣主體性的過程上，台研會扮演著「拓荒者」的角色，而 NATSC 則「異軍突起」，在國際舞台上，以意料之外的新生力量之姿，承擔著「跨界」又「跨代」的重要角色。

在學業壓力、資源不足、人地生疏的異國環境，NATSC 首須確保年會得以生存，繼須確保年會具有品質。早期的會長及工作團隊，先則經由人際關係動員，促成年會的舉辦，繼則經由網際網路 call for paper，其後網際網路徵求論文的比重逐漸大於人際關係的動員，NATSC 乃由「人際關係」走向「公共法人化」，並逐步發展成「公共論述的知識社群」。隨著稿源拓寬，參加的學生增多，也逐步走出美國的校園範疇，擴及到加拿大、英國、法國、荷蘭、比利時、日本、澳洲、南非等國，大概到第六屆年會，參加的成員已廣及北美洲、歐洲、亞洲、非洲等地區（在夏威夷的年會，與會者多達百人）。NATSC 已名不符實，而可改為「全球台灣研究年會」。

NATSC 從「人際關係」走向「公共法人化」，從「美國本土」

走向「全球各地」，代表 NATSC 量的成長與質的提升，也代表 NATSC 受到各界更多的肯定與認同， NATSC 也因而漸漸發展成為當時世界最具規模的國際性台灣研究年會之一。從 NGC 的九屆到 NATSC 的十七屆，歷經約一個世代，參與者（包括發表人、主持人、評論人及與會者）總共約有兩千人次，其中至少已有兩百人拿到博士學位，分別在世界各國的大學及研究機構擔任教職或從事研究工作；而在台灣，從中央研究院到台大、政大、清大、交大、中正、中山、東華大學等，更有不少人分別擔任要職，在未來十到十五年間，他（她）們有可能擔任更大要職，並傳承下一代，這是 NATSC 一幅「跨代」又「跨界」的圖像。

在第三屆（1997 年）NATSC 開幕致詞時，我曾表示，「這個年會，在海外，以前沒有先例，……這個年會應以世界格局自期自勉」；「台灣研究必須在學術性、主體性之外，還要兼具有世界性。我們不僅要能『從台灣看天下』，更要『從天下看台灣』；因為『從天下看台灣』，將是我們未來生存之道」。在第 13 屆（2007 年） NATSC 開幕致詞時，我曾表示 NATSC 是「一個提供園地，尊重知識，探索真理的平台。在這裡，工作的團隊與參加的成員，也都有『家』的感覺。十三年來，這個『家』不分黨派，不分色彩，不分族群，不分地域，我們一起走過威權，走向民主，當台灣更需要我們共同關懷與付出的時刻，請大家能共同珍惜 NATSC 已經建立的形象，已經累積的公信力。讓 NATSC 有如日本明治維新時代具有代表性的思想家福澤諭吉，形容他所創辦的慶應義塾一樣，成為一個不管是『官軍或賊軍』，都感到是『安全的地方，在這裡大家一律平等』」。

1996 年，我二度到莫斯科拜訪蘇聯前總統戈巴契夫。在交談中，戈巴契夫對我說，台灣有了經濟發展，也建立了民主，今後「應當可以對世界歷史做出貢獻」。2003 年，在台研會十五週年感言上，我寫道：「今天的族群與兩岸，就有如十五年前的台灣非常體制，是值得台研會嚴肅面對的」。2008 年，台研會創立二十週年，在〈讓我們來共同築夢〉一文，我寫道：「放眼當前世局與歷史潮流，東風正日益飛揚。中國雖然快速崛起壯大，但由於政治體制所限，很難完全鬆綁創辦這樣一所政經學院（LSE）；台灣的政經環境在這方面具有優勢，台研會與新生代有著特殊的『革命情感』，兩者更有著長期的共同追求，如果台研會能抓住這種機運，珍惜足以代表整個世代的人才資產，並將這些可貴的資產結合在一起，共同築夢，一如費邊社與 LSE 模式，來籌辦台灣政經學院（The Taiwan School of Economics and Political Science，簡稱 TSE），這不正是一個豁然開朗、水到渠成的夢嗎？」「從一百萬基金開始，走過二十年風雨歲月的台研會，能否在完全沒有資金、沒有校園、沒有建築物的條件下，基於一種歷史使命感、一種民族尊嚴、以及一種永恆的真理追求，來創辦一所以躋身於宇宙學術殿堂為己任的台灣政經學院，將是今後最大的考驗。這並不僅是我個人的『夢』，應當是有心人共同的『夢』，這是需要大家一起來共同築的『夢』」。2013年，在台研會創立二十五週年的紀念影片，我更強調這是需要「跨世代」共同接續才能築成的「夢」。

成立於1884年的費邊社，是世界上最著名的古老「智庫」，也是英國史上最老牌的社會主義團體。費邊社從未走向極端，幾乎就是漸進、溫和、穩健的社會民主理念的歷史代言人。在一百三十餘年的歷史上，費邊社留給人類豐富的遺產，其中在學術上，費邊社更創辦在二十世紀引領世界三大思潮的倫敦政經學院（The London School of Economics and Political Science，簡稱LSE）。

LSE創校於1895年，2015年適逢建校一百二十週年。初創時，僅有幾間教室，沒有校園，沒有宏偉建築，沒有巨額資金，但經過一百多年的耕耘，LSE已成為英國繼牛津、劍橋大學之後，一所享譽全球人文與社會科學領域的重鎮。社會主義、自由主義和保守主義為二十世紀以來世界政經思想的發展主軸，而領導這三大思潮的靈魂人物，包括Harold Laski、Lord Beveridge、Friedrich Hayek、Karl Popper、Michael Oakeshott、 Anthony Giddens等，都曾經是LSE的核心成員。這種世界級大師的人才輩出及匯集，正是LSE得以躋身世界大學前沿、吸引世界各國學生前往就讀的關鍵所在。

當費邊社開始嶄露頭角時，主要的草創成員只是三十歲左右的青年；二十多年來，參與過台研會所支持的「兩會」（NGC 和NATSC）成員都為新生代，他們的學術影響力正在蒸蒸日上。相對於費邊社後來為人類留下 LSE 的先例，台研會是否也能為人類留下屬於東方、亞洲和世界的台灣政經學院（TSE），能為台灣歷史創立與 LSE 相提並論、東西相互輝映的 TSE，將是台研會今後如果要展現存在意義所面臨的最嚴肅課題，也是台研會新旅程所要追求的「化不可能為可能」的目標。

NATSC 的工作成員，在草創之初，都是以志工的身分，懷著關愛台灣的熱誠，將台灣研究從國內帶到國際舞台，並建立開放平台，共同探索知識，追求真理，這是一段有意義的人生旅程。NATSC，一如台研會一樣，另一深遠的影響便是將整個一代人文社會科學領域的人才，提供一個「實其心」的交流與匯集的園地。如果有那麼一天，當費邊社與 LSE 模式，變成台研會與 TSE 模式，台研會與 NATSC 的其中參與者將有機會，在新的旅程上攜手同行，一如既往的二十多年，「為著前進而前進」。

2015 年 12 月 21 日

前言

自己的歷史自己寫

潘美玲
國立交通大學人文社會學系副教授
NATSC 1998 第 4 屆會長

林繼文
中央研究院政治學研究所研究員
NATSC 1996 第 2 屆會長

張隆志
中央研究院台灣史研究所副研究員
NATSC 1995 發起人

楊孟軒
美國密蘇里大學哥倫比亞分校歷史系助理教授
NATSA 2014 第 20 屆會長

一、紀錄 NATSA 的二十年

許多台灣的國際留學生與國外關心台灣研究的學者，都聽過，甚或參加過每年暑期 5 月、6 月在美國定期舉辦的「北美台灣研究學會」（North American Taiwan Studies Association, NATSA）年會。這個學會籌備於 1994 年，1995 年舉辦第一屆之後，至今舉行過二十屆的研討會，期間超過 1,500 篇有關台灣研究的論文在這個學會的年會中發表。

就形式而言，NATSA 的年會和一般的學術研討會一樣，主要就是宣讀論文並進行學術互動與交流。然而，與一般學會不同的是，這個學會的會員是以研討會的參與者為主，運作方式是由當年的參與者之中，產生下一屆籌辦會議的幹部。整個學會二十年來的運作主力，不是學術地位穩固的資深教授，而是在美國攻讀博士學位的研究生。雖然如此，NATSA 卻是從台灣的民間出發，在台灣研究從無到有的台灣與全球發展歷史中，扮演著開創的角色。

NATSA 成立的緣起，是將台灣研究的學術活動定位為社會運動。在黃煌雄先生創立的「財團法人台灣研究基金會」支持之下，由林佳龍等一群在美國念書的年輕台灣研究生，於 1994 年在美國的耶魯大學（Yale University）發起[1]。這群研究生屬

[1] 發起人包括林佳龍共有 47 人，遍布美國 20 個校園，名單請見本書附錄 2。

於野百合世代，歷經學運及解嚴前後的社會運動洗禮後，前往海外充電，將島內學生與社會運動的能量，以及對生長斯土與公共事務的關懷，轉化為推展台灣研究的熱誠。這份執著與傳統，為立會之精神，代代傳承。NATSA 目前是北美洲唯一以台灣為研究議題主體，且橫跨各人文社會科學領域的學會。作為一個完全由海外研究生自治與主導之群體，NATSA 在過去的二十個年頭，孕育了台灣本土與國際間無數台灣研究人才和高等教育師資。

2014 年夏天，NATSA 在美國威斯康辛大學的麥迪遜校區（University of Wisconsin-Madison）舉辦第 20 屆年會，其間特別組織了一個論壇，邀請幾位前任的會長與主要成員，分享他們投入貢獻 NATSA 的經驗，以及本會豐富而多元的歷史發展歷程，並一起討論未來的方向。會議之後，開始著手邀請歷屆會長以及重要幹部，為本書提供稿件，並得到熱烈的回應。在2014年的9月和10月，由時任中研院社會所的所長蕭新煌主持，於中研院社會所召開兩次工作坊，確定全書的結構與方向，並推舉編輯小組。蕭所長對於台灣研究的推動不遺餘力，其任內更促成社會所固定提供 NATSA 推展會務所需的部分經費，他個人對於本書的出版也是貢獻良多，在此我們深深地致謝。財團法人曹永和文教基金會也部分支持了本書的出版經費，在此一併致謝。

二、NATSA的跨界與跨代

編輯本書的目的，在於呈現北美台灣研究發展的軌跡，以及記錄後野百合時代，離開街頭抗爭之後，轉進在美國大學校園進行，以台灣研究為論述場域的另類學生運動，以及如何成為台灣研究學術交流平台的過程。本書邀集不同世代的參與者，提供個人與會經驗與觀察，以及共同奮鬥的歷史，所建立起來的人際關係和學術社會網絡。同時也針對 NATSA 作為一個學術組織團體，創立二十年以來所遭遇到的挑戰，包括來自於組織內部建置化的需求，與台灣島內政經發展連動起伏，以及之後中國崛起等因素，在多重力道交錯過程中，學會成員所作的具體改革，以及出路的思考。章節的內容，採取微觀之回憶敘事與宏觀之縱向和橫向分析交錯並陳，在此多面向性、多層次且深度的探討中，彰顯學會二十年之繽紛歷史，以及不同階段所呈現之風貌特色與學科分野，不斷對「何謂台灣研究」進行思辯則是貫穿全書的主軸。

（一）知識與社會的實踐場域

本書的章節編排兼具歷史時間性（chronologic）與議題性（thematic），除了前言之外，共有十篇文章。根據文章的內容歸納出 NATSA 的三個主要發展面向：第一部分的四篇文章分別從全球視野、島內政經情勢、學術社群發展，以及論文內容分析的面向，凸顯北美台灣研究學會所具有的「知識與社會的實踐場域」特色。

本書第 1 章是蕭新煌的〈建構台灣與全球的台灣研究：兼談 NATSA 的特性與貢獻〉，從台灣研究在台灣以及全球的學術發展歷程中進行觀察，並從中彰顯 NATSA 在整個台灣研究建制的過程中所具有的地位。蕭新煌套用 Thomas Kuhn 的「典範轉移」（paradigm shift）說明台灣研究如何從既有的漢學研究與中國研究的範疇中脫離，建立其自主的學術社群以及研究議題。在 1990 年代李登輝主政，以及公元 2000 年開始的民進黨八年執政期間，以中央研究院在 1994 年成立「台灣史研究所籌備處」，為台灣研究建制重要的里程碑。隨後台灣各公私立大學成立了 23 個有關台灣研究的系所或研究中心，而從 1999 年開始，國際上也有 13 個台灣研究機構的設立，這段期間還包括了三個跨國區域的台灣研究社群成立，也就是北美台灣研究學會（NATSA）、日本台灣學會（Japanese Association of Taiwan Studies, JATS），以及歐洲台灣研究學會（European Association of Taiwan Studies, EATS）。其中濫觴於 1994 年的 NATSA，是前述所有建制機構中最早成立的，從而在台灣研究獨立於中國研究典範轉移的過程中，也扮演挑戰舊典範的先鋒角色。

既然北美台灣研究學會在台灣研究的學術發展生命史當

中，具有不可忽視的角色，接下來問題是：為何在 1990 年代首先組織這個學會？為何在北美成立？這些問題的答案，都在本書的第 2 章〈生生不息的台灣研究：從 NATSC 到 NATSA（1994-1999）〉有所交代。林繼文和潘美玲從 1994 年開始參與「北美台灣研究學會」的前身「北美洲台灣論文研討會」（NATSC）的籌辦與發起，並分別擔任第 2 屆與第 4 屆的會長，本章是兩位會長重現當年的時代脈絡，從 1980 年代開始的社會變動，以及當時在大學就讀的年輕人參與黃煌雄先生的台灣研究基金會所舉辦的「新生代論文研討會」所產生的啟蒙作用。這群新生代在 1990 年代野百合學運扮演要角，離開校門之後，一部分人持續在台灣社會進行政治與社會實踐，另一部分人則認知到個人知識的局限，選擇到當時以美國為主的大學繼續深造，這群人帶著以台灣為主體的問題意識進行學習，同時將過去在台灣參與社會運動的能量，延伸到學術論述的領域，延續過去台研會支持「新生代論文研討會」的模式，成立了「北美洲台灣論文研討會」，公元 2000 年的第 6 屆年會則將組織法人化為「北美台灣研究學會」。這段成立的歷史，奠立了 NATSA 由研究生為運作主體的模式，以及社會運動性格。而這種以社會運動的方式組織學術活動，是 NATSA 與國內外台灣研究的學術機構最大的不同。

第 3 章是張隆志所寫的〈新史學典範與知識社群的追尋：寫在 NATSA 二十週年〉。張隆志雖然沒有擔任過任何一屆會長，卻參與了第1屆年會的籌辦，也分別在年會的五週年、十週年和二十週年出席年會，得以從個人參與的經歷提供年會第一個十年間的發展軌跡。由於張隆志本身是台灣歷史研究者，所以另外提供了NATSA成立期間，台灣史知識傳統與北美台灣史研究的發展軌跡，幫助我們理解NATSA在整個台灣研究學術史脈絡的位置，以及當時所在的環境與條件。透過學術史的視角，呈顯出NATSA在台灣研究典範轉移與知識社群建構所扮演的重要角色。

北美台灣研究學會的知識與社會實踐，具體展現在會議的主題與論文的內容。林子倫與江俊宜的第4章〈反抗國家、重構社會到積極自省：北美台灣研究學會論文主題的考察（1995-2014）〉，匯集了二十年來在NATSA所發表的1,500多篇論文的資料，進行系統性整理、編碼、歸納、分析。以每五年為一個階段，分成：解剖國家、反抗國家：民主轉型的遺緒（1995-1999）、從國家社會關係到社會整體的關照（2000-2005）、超越與解／重構社會：重新編織台灣（2006-2010）、台灣研究再省（2011-2014）。這幾個階段主題的焦點，與台灣社會的政治經濟發展緊密相扣。由於後解嚴時代與民主化浪潮的洗禮，使得反抗國家機器與憲政民主成為NATSA創立前五年的論述主軸。公元2000年之後，台灣首次政黨輪替，台灣研究機構紛紛成立，研究主題轉進社會發展，則是第二階段的特色。第三階段的主題是面對全球資本主義的衝擊，台灣社會的結構變遷與多元發展。最後則是重新反思台灣再度政黨輪替，以及中國崛起的挑戰。

雖然歷經上述幾個階段，他們發現三個高度相同且縱貫全局的現象：首先是反映當時台灣社會議題的「現實性」；第二是主題「跨領域」，包括跨學科觀點與跨國區域視野；第三是「反思性」，對既有觀點與制度進行反省批判，包括重新思考台灣研究的定義。該文附錄列有歷年與會者來自的地區、學術背景，以及發表論文的領域分類統計，提供給關心台灣研究學術發展者一個寶貴的資料庫。

（二）組織的困境與挑戰

第二部分討論「組織的困境與挑戰」。NATSA 是由一群研究生創立的組織，一開始是以舉辦研討會的方式進行，之後由年會改成學會，於 2009 年在美國登記為非營利組織，但整個會務的推展卻在成立十年後面臨困境，接下來的第 5、6、7 章分別由第 9-10、14、15、16 屆的會長執筆，以「深描」（thick description）民族誌的寫作方式（Geertz 1973），從參與者的角度對 2003-2010 年期間，NATSA 組織運作所遭遇的挑戰與回應的策略，進行反思性的書寫。這些作者的個人經驗，其中最早提及從 1998 年開始以及之後幾屆開始參與年會發表論文的初體驗，到接任幹部，成為會長的歷程。讀者可以從這部分接續

第 2 章的年會歷史，以及這個年會如何成為與會成員投入台灣研究的平台。

歸納這三章所描述的組織困境，其實也與台灣社會的發展有連動關係：首先，學會創立之初的台研會與野百合學運世代，有著濃厚的革命情感，以及從在島內的學生時代延伸到北美留學的社會網絡。而十年之後，這批留學生紛紛取得學位回到台灣任教或工作時，接下來的參與者之間缺乏類似的連結，則使會務運作過程中出現了銜接上的問題。

此外，在公元 2000 年之後，在台灣的台灣研究機構或中心紛紛成立，在當時政府的推動下，台灣研究成為台灣的顯學，島內的研究生將 NATSA 視為到國際發表論文的捷徑，使得參與成員來自台灣的比例幾乎過半，讓學會產生內縮而非外拓，與學會設定的宗旨，亦即讓台灣在海外留學的年輕學子，能夠接觸國際學術的平台與歷練，產生抵觸。

這兩個 NATSA 成員組成結構的改變，也使創會以來一向提供經費支持的台研會，在 2011 年之後終止與本會長達十七屆的關係。面對這些困境，接手的學會幹部除了維持會務運作外，更積極反思台灣研究的定義，並重新思考台灣研究座落於北美地區的意義。

（三）「台灣作為方法」的專業學會化

除了上述會員內部組成結構的問題外，更嚴峻的挑戰來自於外部環境的質疑。在 2009 年，美國知名台灣政治史與社會史專家，現任哥倫比亞大學東亞事務資深研究員的魯賓斯坦教授（Murray A. Rubinstein），開始提出「台灣研究是否已死」（Is Taiwan Studies Dead?）的言論[2]。這是 NATSA 進入第二個十年之際所面臨的最大挑戰。儘管學會幹部仍是一群年輕的學者與研究生，卻開始積極反省，著手展開專業學會化的轉型。本書最後三章，集中在兩個重要的議題：(1) 展開重新定義何謂台灣研究的討論，以及 (2) NATSA 在北美存在的目的以及應該達成的任務。

第 8 章的作者梁志鳴和謝力登，針對台灣研究 “So What” 的問題進行反省。他們論述的脈絡，是在當今在北美學術市場結構中，面對中國崛起的因素，以及台灣研究被歸類為具有特定支持國民黨或台獨意識形態的形象下，是否還有存在的空間？而從這些質問當中，學會開始邀請其他領域的學者拓展網絡與視野，同時鼓勵並培力台灣研究新進學者，進入北美學術市場取得教職。第 9 章〈改革、耕耘、蓄勢待發：邁向北美台灣研究的第三個十年〉的作者，是已經進入美國學術機構任教的第

[2] 詳見本書第 9 章的討論。

二十屆會長楊孟軒。文中特別以英國倫敦大學亞非學院（SOAS, University of London）台灣研究中心的羅達菲教授（Dafydd Fell），在 2013 年歐洲台灣研究學會發表的成果，對照 NATSA 的局限，以他山之石足以攻錯的方式，思索改善的方向。第 10 章〈行動公民、網路世代與台灣研究的未來〉，由三位年輕的博士候選人許菁芳、涂豐恩與鄭肇祺共同撰寫。作者群提出三個具體運作的方向，分別是：(1) 行動公民：社會參與、公共書寫與學術關懷；(2) 台灣經驗、中國因素與全球對話；(3) 善用網路世代的優勢，擴大參與。他們是目前學會主要的參與者與任務執行者，接下來的重要目標，是推動學會學術專業化，讓台灣研究能夠立足北美，放眼全球。

雖然學會幹部們有多元的意見，但將 NATSA 發展為國際性的專業學會組織，已經是一致的共識。對於台灣研究的定義，則以台灣多重的殖民歷史經歷，以及與中國相鄰，夾在帝國間的縫隙等特殊處境，提出以「台灣作為方法」（Taiwan as Method），挑戰既有理論，引發創新觀點。這些都是邁向第三個十年的自我期許。

三、立足北美、放眼全球的期許

從北美台灣研究學會能夠持續二十年，以及當前的發展現況來看，已經是台灣研究的重要資產。難得的是，本書作者群提供翔實地個人參與經驗，以及說明 NATSA 如何進入個人學術生命的過程；加上歷屆會長與參與者的書寫，使長達二十年的學會歷史得以完整呈現。此外，本書所發掘的 NATSA 歷史，彰顯台灣學生參與公共事務的跨國性、多元性、自主性、持續性與其深度、廣度。2014 年的太陽花學運，引發一般社會大眾與學界對學生運動的關注；本書則提供另一個視野，也就是野百合世代在學運之後，青年的熱情並未止息，而是在台灣研究的學術活動場域，由島內開展到海外，持續實踐對台灣的關懷，展開另外一場學生運動。

在此必須強調，NATSA 的創立是延續島內學生的社會運動參與，年輕學生扮演了觸媒的角色，而後發展成為台灣研究的學術平台，連結北美地區與歐美國家，甚至連東亞的學者也透過年會的舉辦相互交流，深化論述，讓許多有志於台灣研究的歐美學生與學者，能在 NATSA 找到學術同好與場域的歸屬[3]，使台灣研究隨著他們學術生涯的發展，在歐洲與世界其他各地開展。本書希望喚起讀者對海外台灣研究發展之關心，藉由這個學會在全球最大且最具影響力的學術市場發展台灣研究遭遇的起伏，來闡明國家、海內外學界與公民社會，為何必須齊心，

[3] 如現在的歐洲台灣研究學會的核心重要成員，許多人曾在學生時代參與過 NATSA 的活動。

共同在北美支持一個跨領域、跨國界與專業化的台灣研究學會。最後，NATSA能夠在成立二十年後，穩健開展未來更遠大的理想版圖，除了歷屆參與者的熱情之外，還包括國內外許多機構與學術單位所給予的支持與經費補助，在各章節中有更細緻的說明，此處無法一一列舉，我們謹向所有曾經或依然協助NATSA的單位或團體，致上最深的謝意。

參考文獻

Geertz, Clifford, 1973, “Thick Description: Toward an Interpretive Theory of Culture”. In *The Interpretation of Cultures: Selected Essays*. New York: Basic Books.

第1章

建構台灣與全球的台灣研究

兼談 NATSA 的特色與貢獻

蕭新煌

中央研究院社會學研究所特聘研究員

國立中央大學客家學院講座教授

任何學術的發展過程，從無到有，從生機到成長，或是從成熟到停滯，恐怕都脫離不了會與外在大環境和脈絡的互動及影響。探討其中的行動者、機會、機制和動能，不外就是知識社會學的工夫；而掌握學術消長變化軌跡的核心概念更是Thomas Kuhn 所提出的「典範轉移」（paradigm shift）。我長期觀察台灣研究（Taiwan Studies）在台灣以及在台灣以外的全球發展生命史，相當能印證上述兩個理論命題：關鍵的脈絡和典範的轉移。

同時，有四個場域是我觀察「台灣研究」發展歷程的重點，一是台灣的中央研究院，因為它是台灣學術研究的全國中心，其研究組織的動向深具指標意義；二是台灣的各國立和私立大學的教學和研究取向的消長，也應值得關切；三是在台灣以外的各國對台灣研究的接受和推動；四是台灣研究世界大會的籌備和舉辦，更是另一個很有價值的變化情勢。

從上述這四個學術場域和變化在過去二十多年來如何看待台灣研究與如何維持推動台灣研究的態勢，可以明顯洞悉什麼是台灣研究的關鍵脈絡和涉入的行動者是誰，以及可否刻劃台灣研究此一學術領域的發展史為一典範的轉移。

一、中央研究院：從漢學到台灣研究

中央研究院做為台灣學術研究的全國最高機構，其建制動向應相當有指標作用。在還沒有建構台灣研究之前（1994），漢學是它在人文社會科學方面的標誌和旗艦（1980），還有一段期間是同時企圖推動中國研究（China Studies）（1990 後期）。

（一）漢學研究

第 1 屆漢學會議是在 1980 年 8 月 15 日到 17 日召開，第 2 屆是六年之後的 1986 年 12 月 29 日到 31 日，第 3 屆更是相隔近十四年，在 2000 年 6 月 29 日到 7 月 1 日舉辦，最近的一次是第 4 屆，距第 3 屆也長達十二年（2012 年 6 月 20 日到 22 日）。

第 1 屆的漢學會議標榜的是「弘揚中華文化」和「促進漢學研究」，顯然是以保存傳統中華文化為使命，這也是漢學一詞令給各界的印象。但到了第 4 屆召開之際，卻也開始有了一些轉變，提出「跨越中華文化的範疇和傳統漢學的疆界」做為會議宗旨。會議論文雖不只限於遠古和傳統，涉及「近代中國」，甚至台灣。但主題仍相當局限。以台灣為例，也只限於語言、原住民、宗教民俗等範疇，而且無意去凸顯台灣的文化特殊性格，更與台灣當代社會政治經濟變遷與發展切割，不視為漢學的研究範疇，也似乎只一味將台灣與中華（國）的文化傳統連結和傳承視為理所當然。

（二）中國研究

在1990年代末期，中央研究院曾有一段期間企圖在傳統漢學範疇拉出以「當代中國」（指的就是中華人民共和國）做為研究和關切對象，雖也成立了一個中國研究推動小組的任務編組，但成效不彰，主要原因就是院內研究人員不夠、興趣不足，最後也就不了了之。

（三）台灣研究

以「台灣研究」為名的研究建制，最早在中研院出現就是1994年成立的「台灣史研究所籌備處」，接著便是在院內同時組織「台灣研究推動委員會」（1997-2000）和召開「威權統治的變遷與轉型：後戒嚴法時代的台灣社會國際研討會」（1999年4月1日至3日），並於日後由台史所籌備處正式出版該會議的論文集。1994年到2000年可說是中央研究院開啟台灣研究的濫觴期，台史所籌備處並於2004年7月正式轉型成所，結束十年的籌備期，這是中研院推動台灣研究的重大建制時刻。

客觀說來，中央研究院台史所的成立當然有它現實的政治背景和條件，那就是 1990 年代在李登輝主政下的「本土化」和「台灣化」總方向。也因此才會在中研院現有的兩個與歷史有關的研究所（歷史語言研究所和近代史研究所）之外，再另設「台灣史研究所」，這其實也說明了前兩個所的「歷史研究」從來就沒有將台灣史納入其關懷對象和研究重點。

台灣史研究所的成立是個學術典範轉變的分水嶺和起點，它公開標榜「台灣史」應該做為一個有別於「中國古代史和近代史」的獨立研究領域，建構獨立的學術範疇就是一種典範革命。台史所在過去二十二年來的研究重點就是搶救、重建和建構台灣史的定位，而其具體的對象就是建立台灣日治史（1895-1945）的學術定位。

二、台灣各大學：台灣研究建制風起雲湧

從 1997 年開始，台灣研究相關的系所／研究中心也紛紛在各公私立大學成立。以下是迄今所建立的相關教學研究單位一覽表：

1. 私立真理大學台灣文學系（1997）
2. 私立東海大學通識中心台灣研究室（1997）
3. 國立成功大學台灣文化系（2000）

4. 國立清華大學台灣文學研究所（2002）
5. 國立台北教育大學台灣文化研究所（2002）
6. 國立政治大學台灣文學研究所（2003）
7. 國立政治大學台灣研究中心（2003）
8. 私立靜宜大學台灣文學系（2003）
9. 私立靜宜大學台灣研究中心（2004）
10. 國立台南大學台灣文化研究所（2003）
11. 國立台灣大學台灣文學研究所（2004）
12. 國立中正大學台灣文學研究所（2004）
13. 國立中興大學台灣文學與跨國文化研究所（2004）
14. 國立政治大學台灣歷史研究所（2004）
15. 私立長榮大學台灣研究所（2004）
16. 國立彰化師範大學台灣文學研究所（2005）
17. 私立南華大學台灣文學研究中心（2006）
18. 國立清華大學台灣研究教師在職進修碩士學位班（2006）
19. 國立高雄師範大學台灣歷史文化與語言所（2007-2008，2011 年合併）
20. 國立師範大學台灣文化、語言與文學研究所（2009）
21. 國立師範大學國際台灣研究中心（2009）
22. 國立東華大學台灣文化系暨研究所（2010）
23. 國立台灣大學文學院台灣研究中心（2011）

從以上幾個與台灣研究相關的系所（中心）的名稱看得出來，台灣文學和文化是大宗，也是在大學教育體系中台灣研究教學的主導領域，其次才是台灣歷史和語文。至於以研究中心為名義成立的台灣研究取向，則似乎以人文為主，政治社會為輔。可見大學院校的台灣研究教學重點與上述中央研究院的台灣研究領域確實有明顯的分野。最旺盛的設立年代是 2002、2003 和 2004 這三年，也是民進黨第一次執政的頭幾年，在強調台灣主體和台灣意識的政治風氣下，推動台灣研究也就成為回應新政治社會情勢的一項學術動向。

三、國際台灣研究的興起

（一）全球知名大學台灣研究機構的設立

繼中央研究院在 1990 年代啟動台灣研究的建制化活動之後，與台灣各大學校園內也成立台灣研究相關系所中心的同時，在台灣以外的各國際知名大學也紛紛同步設立以台灣研究（Taiwan Studies）為名的研究中心或計畫，以下是一覽表：

1. Center of Taiwan Studies, SOAS, University of London, UK (1999)

2. Taiwan Studies Program, University of Southern Carolina at Columbia, USA (2000)
3. The Center for Taiwan Studies, University of California at Santa Barbara, USA (2003)
4. Taiwan Research Programme, LSE, University of London, UK (2003)
5. Taiwan Research Institute, Waseda University, Japan (2005)
6. The Taiwan Documentation Center, University of Lyons, France (2008)
7. European Research Center on Contemporary Taiwan (ERCCT), Tubingen University, Germany (2008)
8. Vienna Center for Taiwan Studies, University of Vienna, Austria (2009)
9. Program in Taiwan Studies, University of Texas at Huston, USA (2010)
10. Taiwan Research Center, University of Ljubljana, Slovenia (2011)
11. The Center for Taiwan Studies, Institute of Oriental Studies, Russian Academy of Sciences in Moscow, Russia (2012)
12. The Taiwan Research Center, The Chinese University of Hong Kong (2012)

13.Taiwan Reading Group, Australian Center on China in the World, Australian National University, Australia (2015)

從以上的 13 個機構名單可以看出，歐美（如英、法、德、美）是最主要的國外台灣研究據點，其次才是亞洲和澳洲。其研究取向大致說來都是以社會科學為主，人文學科次之，而政治民主化、兩岸關係、社會轉型和文學電影是最受矚目的四大領域。而台灣的民主前途和台灣與中國的關係前景更是國際最關切的台灣研究課題。

如果說在台灣內部興起台灣研究的風潮是起因於民主轉型所帶來的台灣意識和認同及其對台灣歷史和台灣處境的重新解讀，那麼在台灣外部浮現的台灣研究新動向就是國際學界受到台灣民主發展的感染和對此一新民主的關心和重視。其次就是關懷在中國威脅下，台灣民主如何在困境中自處和生存。換言之，國際對台灣研究的重視可以說是有意對此一特殊「台灣經驗」的珍惜。

（二）國際與區域性台灣研究組織

截至目前為止，全世界有三個知名的跨國區域台灣研究學術社團存在，分別是：

1. 北美台灣研究學會（North American Taiwan Studies Association, NATSA）（1999）[1]
2. 日本台灣學會（Japan Association for Taiwan Studies, JATS）（1998）
3. 歐洲台灣研究學會（European Association of Taiwan Studies, EATS）（2004）

台灣研究能成為跨出台灣的國際研究組織，其實是一個很重要的制度化指標。在上述這三個國際性組織當中，最早成立的就是NATSA，原先是1995年由一群留美台灣研究生倡議組成North America Taiwan Studies Conference，1999年才改為NATSA，若以NATSC算起，迄今已二十一年。NATSA的特色就是以年輕研究生為主體，每年的研討會在北美不同大學輪流舉辦，均由學生一手包辦，原先是研究生發表論文的場合，近年也已發展成為一個能吸引學界參與的學術組織。從本書各章所論述的內容看來，NATSA的成立是一個在北美的自由進步台灣學生的組織化延伸，所以是有著某種程度的「學生—社會運動」的精神，原先未必是要在北美推廣「台灣研究」，而是在北美找到一個讓原台灣學運份子藉著所學所長的論文發表，將他們對台灣進步改革的期待加以「學術化」的場域。後來

---

[1] 1995年已先成立North America Taiwan Studies Conference（NATSC）。

NATSA 才轉型變成宣揚台灣研究的機構和組織。不論如何變，NATSA 仍然維持其成員年輕、年會主題創新、組織簡約的三大特色。

JATS 的組織是一群對台灣近代史包括政治、文學、電影、殖民經驗有研究的日本學者所組成，是一個比 NATSA 更有組織化，甚至科層化的學術社團。它也是每年在日本各大學主辦年會，因限於用日文發表，相當程度是在日本境內學者的聚會，但近年也增加了從台灣去參加的學界人士。這個組織的日本色彩很重，國際化（英語化）較弱，也由於組織文化較「內向」，資訊雖也可以透過網站查詢，但主動向外擴展和延伸的意願似乎不高，因此除了日本和部分台灣的學界了解它之外，其他國家的台灣研究學術圈子似乎對它還很陌生。它可以說是一個比較封閉性的日本台灣研究社團。雖說是「台灣研究」，但它對台灣的學術界也未必很開放，也不那麼積極與台灣學界連結。

至於從 2004 年成立的 EATS，在這三個國際學術社群當中，算是組織運作最健全、開放性也最大的建制化台灣研究組織。它跟 JATS 一樣也是有固定會員的組織，但相當開放，年度研討會在歐洲各國輪流主辦，且參與成員相當多樣，參與者的背景也很多元，有研究生、有年輕學者，也有資深學者，甚至還在近年開始頒發年輕學者論文獎，以鼓勵、培育台灣研究新秀。

不論是 NATSA、JATS 或 EATS，其學術背景均是跨學科，也均以社會科學和人文學科為核心。這三個國際性的台灣研究學術組織的確各有特色。NATSA成員最年輕，每年研討會也最有創意，而且本身的存在代表著有儲備台灣研究未來新生代的功能和任務。最令人佩服的就是歷屆執事成員在各大學賣力輪流舉辦年會、研討會，到處爭取經費，誠屬難能可貴。相對於這一輩在北美的台灣籍和美國籍的年輕研究生的任勞任怨，一心為推動傳承台灣研究的熱忱、主動和用心，同樣在北美的一些台灣籍和美加籍台灣研究的教授級學者，就顯得沒那麼熱心，也比較被動，他們或許樂意「被邀」去參與年度盛會，但主動伸出援手的用心恐怕仍然不夠。NATSA年度研討會近年來雖已獲得中央研究院台史所和社會所的部分固定資助，但每年仍需要到處募款才能竟其功。

相反地，EATS的核心執事成員，則是出身歐洲各國的中新生代學院內台灣研究學者，他們出力自己來，出錢分頭找，集體創造出EATS，令人非常讚賞。這現象與北美（美加）的新中老生代台灣學界人物的表現有著相當強烈的對照。除了舉辦年度研討會，EATS還會固定出版EATS News，內容豐富多樣，EATS每年也都得向外募款，台灣民主基金會（Taiwan Foundation for Democracy, TFD）和蔣經國國際學術交流基金會（Chiang Ching-kuo Foundation for International Scholarly Exchange, CCKF）是比較固定的贊助機構。

至於JATS的執事成員，老中青均有，算是有比較整齊的陣容，會員人數在三個國際台灣研究學會中也最多，組織也最嚴謹，每屆兩年，定期改選，明文設有理事長、副理事長、常任理事、理事、幹事、總務、會計財務、學會報編輯委員會，企劃委員會等。但研討會則是每年舉辦。大學經費來源是會費，也接受交流協會的固定捐助。理事會已進入第九屆。一如上述，JATS 雖與部分台灣學者有交流，但與歐美卻很少來往，這是其組織對外的性格。

NATSA 算是最鬆散而沒有制式化的學術組織社團，但有每年改選的會長、財務、年會主委負責每屆（年）的研討會，2016 年 6 月 10 日到 11 日在加拿大多倫多大學舉辦第 22 屆年度研討會。EATS 的組織雖比 NATSA 複雜些，但仍遠不及 JATS，只設有七個理事的理事會，其中一個擔任秘書。EATS 年度研討會在 2016 年 3 月 31 日至 4 月 1 日於捷克的布拉格主辦第 13 屆年會。JATS 也在 2016 年 5 月 21 日於宇都宮大學召開第 18 屆年度學術大會，至於 2017 年的年會則將在京都召開。

四、代結論：台灣研究世界大會

到了 2010 年，台灣研究的全球化有了新的突破，那就是「台灣研究世界大會」（World Congress of Taiwan Studies, WCTS）的規劃和召開。

WCTS 的構想起因是中央研究院王汎森副院長希望在「漢

學」之外也在中研院推動「台灣研究」，因此想當然爾先找了「台史所」來承辦，但未果，再找了「社會所」。當時擔任所長的作者就一口答應樂意促成。插曲之一是作者本來就有構想，要向蔣經國國際學術交流基金會申請經費，主辦台灣研究世界大會，所以也規劃了「International Workshop on Assessing Taiwan Studies Beyond Taiwan: Europe, North America and Japan」（2010 年 11 月 5 日至 6 日）此一類似會前會的活動，邀請 EATS、NATSA 和 JATS 的重要代表人物來社會所與會提論文；一則全盤了解歐、美、日的台灣研究發展現況和展望，二則試探舉辦台灣研究世界大會的可行性和合作意願。

兩天的工作坊與會者一致對舉辦世界大會的想法有相當正面的結論，於是作者在獲得中研院首肯後即開始著手第 1 屆台灣研究世界大會的籌備。第 1 屆大會的籌備工作依據下述幾個方向進行：

1. 這是中央研究院 11 個人文社會科學所集體啟動的學術活動；
2. 設立秘書處於社會學研究所，由作者擔任執行長，並由中研院支持所有經費；
3. 第 1 屆大會於 2012 年 4 月 26 日至 28 日於中研院舉行。第 2 屆的舉辦時機視第 1 屆成果而訂。

第 1 屆台灣研究世界大會（The 1st WCTS）在中研院全力支持下舉辦，三天會議共有 102 篇論文在 26 個不同主題場別研討會中宣議，包括台灣在內的 13 個國家台灣研究學者與會，外國學者有 40 位，與會聽（觀）眾多達 350 人。在此次大會中亦邀 EATS 和 JATS，各安排一場主題場次，可說是也讓台灣研究的國際組織有機會共襄盛舉。雖然會後並未正式出版大會論文集，但有幾個國際期刊刊載了其中的發表論文作為專號出版。之所以未出版論文集，乃鑑於第一次舉辦世界大會，首要目的在於集結台灣研究同好，凝聚彼此向心力。在大會閉幕的討論，有兩個共識形成，一是肯定第 1 屆世界大會的召開，其意義重大。二是期待第 2 屆世界大會能延續舉辦，並希望中央研究院能承擔此一學術推動重任。

會後，WCTS 的籌備處並沒打烊，念茲在茲就是要延續世界大會的香火，而且是要在台灣以外的國家主辦第 2 屆世界大會。在經過一年多的醞釀後，終於在徵得英國倫敦大學亞非學院（SOAS, University of London）同意協辦和中央研究院王汎森副院長再次允諾支持後，正式於 2013 年 12 月召開第一次籌備會，並於 2015 年 6 月 18 日至 20 日在倫敦舉辦第 2 屆台灣研究世界大會。

第 2 屆世界大會如期舉行，並明訂大會主題為「Taiwan Studies: The State of the Field」。兩天半的大會，議程相當緊湊，共有 16 場主題研討會，4 場圓桌會議，總計有 50 篇論文宣議，作者遍及 20 幾個國家的台灣研究學者專家，與會學者也多達 80 多位，聽（觀）眾更多達 500 人。這次世界大會也吸引來自上述三大國際台灣研究組織的學者與會，但最大的特色則是從一開始就設定要以出版兩本專書為目標。這在會後也正在積極籌辦中，第一本書名暫訂為 *The State of the Field :Taiwan Studies*（由蕭新煌和 Dafydd Fell 主編），第二本書暫訂為 *Taiwan Studies Revisited*（由 Dafydd Fell 和蕭新煌主編），這兩本書預計於 2017 年間出版。同時，基於前後兩次世界大會的成功和所獲得的肯定，台灣研究世界大會也將正式建制化，三年一屆並輪流在台灣和國外召開，因此第三屆世界大會預定將在 2018 年夏天於中央研究院如期舉辦。另外，*International Journal of Taiwan Studies*（IJTS）（《台灣研究國際學刊》）亦刻由中央研究院和 EATS 共同籌劃之中。

回顧 2012 和 2015 年的兩屆台灣研究世界大會，和台灣 2018 年第三屆大會及其以後的發展，可獲得以下幾點觀察：

1. 第一屆世界大會在中研院（2012 年）的召開是延續 1994 年中央研究院成立台灣史研究所籌備處，十八年後的另一次推動台灣研究的重要建制化創舉。
2. 世界大會的召開正式對全球台灣研究學界宣告以下訊息：台灣研究不但未沉淪，未消失，也未死亡，它正在躍升，正在另創高峯。

圖 1-1（左上）International Forum on the Past, Present and Future of Taiwan Studies beyond Taiwan: Europe, North America and Japan Compared 海報。由中央研究院社會所主辦，於 2010 年 11 月 5 日至 6 日召開。

圖 1-2（右上）2012 第 1 屆台灣研究世界大會海報。於 2012 年 4 月 26 日至 28 日召開，由中央研究院主辦，社會所擔任大會秘書處。

圖 1-3（左）2015 第 2 屆台灣研究世界大會海報。於 2015 年 6 月 18 日至 20 日召開，由中央研究院與英國倫敦大學亞非學院台灣研究中心在倫敦大學共同舉辦，中研院社會所擔任大會秘書處。

3. 世界大會的舉辦也昭示台灣研究的確已正式步入「全球化」的新階段。尤其是確立一屆在台灣，一屆在國外召開的傳統，無異更凸顯了「台灣研究社群」台灣與國際連結的象徵意義。
4. 一如本文在開頭的揭露，台灣研究在台灣和全球從無到有的興起和發展，十足反映台灣社會政治脈絡的大轉變，亦即台灣意識的上升和台灣認同的凝聚。沒有如此的集體意識變化，台灣研究恐怕不會在這過去二十二年有如此的成長。
5. 台灣和全球台灣研究的建構歷程，也再次證明學術發展是事在人為，有客觀情勢不足竟其功，還要有足夠的所謂有心學界人士做為行動者介入。台灣研究的行動者來自中央研究院、台灣各大學、國外各知名大學、留學北美的台灣年輕研究生，其中他們匯集而成的 NATSA 更是此間的開創者。從個別的研究寫作出版到集體的推動和組織化，甚至到國際社群的集結和世界大會的籌備召開，這一切都印證了「台灣研究」的生命史就是一個有意識、有行動、有組織的學術典範轉移歷程。

參考文獻

Blundell, David, ed., 2012, *Taiwan Since Martial Law: Society, Culture, Politics, Economy*, CA and Taiwan: University of California Berkeley and National Taiwan University Press.

Broun, Deborah, 2004, "Organizations That Support Taiwan Studies: A Select Overview", *Issues & Studies* 40(3-4): 281-314.

Cheng, T. J. and Andrew Marble, 2004, "Taiwan Studies and Social Sciences", *Issues & Studies* 40(3-4): 9-57.

Hsiao, Hsin-Huang Michael, 2013, "The Making of the World Congress of Taiwan Studies and Beyond", *Concluding Remarks at NATSA 2013 Conference*, University of California-Santa Barbara, June 21-22, 2013.

Sullivan, Jonathan, 2011, "Is Taiwan Studies in Decline?", *The China Quarterly* 207: 706-718.

Taiwan Review, 2012, "Feature Story on Taiwan Studies Takes Off", *Taiwan Review* 62(10): 4-15.

第2章

生生不息的台灣研究

從 NATSC 到 NATSA（1994-1999）

We write history, our history.

林繼文
中央研究院政治學研究所研究員
NATSC 1996 第 2 屆會長

潘美玲
國立交通大學人文社會學系副教授
NATSC 1998 第 4 屆會長

一、前史

（一）解嚴後的空白

我們曾在1996年和1998年分別擔任「北美洲台灣研究論文年會」（North America Taiwan Studies Conference, NATSC）的第二屆和第四屆會長。台灣，我們生長的土地，是我們共同關切的對象；但台灣在我們成長的過程中，卻曾經是很陌生的。從1950-80年代，台灣在國民黨和共產黨爭奪中國正統地位的過程中，被國民黨政權當作是中國的替用品，甚至從事社會科學研究的學者，也將台灣視為是「中國社會文化的研究的實驗室」（陳紹馨 1966），壓抑台灣本土的台灣研究，正是國民黨維持其統治正當性的手段之一。在那個年代成長的我們，直到1980年代末期才有機會意識到腳下的歷史才是自己的歷史，而開啟了瞭解台灣的自我追尋，透過探尋台灣的歷史與主體性，我們也建構了自己的歷史。

我們出生於已經實施戒嚴十幾年的1960年代。1948年4月，離《中華民國憲法》誕生不到四個月，第一屆國民大會通過《動員戡亂時期臨時條款》，授與總統不受憲法拘束的「緊急處分權」，宣布戒嚴和緊急命令，皆無須經過立法院同意的無上權力。直到1991年4月，同樣是第一屆國民大會，這個條款才被廢止。《動員戡亂時期臨時條款》適用的時間和第一屆國代的任期一樣，長達 43 年。實施動員戡亂的結果，讓還沒有成長即被凍結的《中華民國憲法》，並沒有機會落實在台灣人民的生活中。臨時條款凍結的不只是憲法，還有這個島嶼的歷史，因為歷史是權力的源頭。因應臨時條款而訂立的戒嚴令，以及白色恐怖的手段，不僅阻隔了組黨辦報，也限制了學術自由。戒嚴令所支撐的台灣威權統治，在一切強調中國史觀的意識形態之下，在台灣成長的人們不敢也無法認識以台灣為主體的台灣歷史，因此台灣研究呈現的是一片荒漠。

威權統治的核心是領袖，但是人的壽命終究有限，如果不傳給後代，威權統治的權力就難以維繫。1980 年代前期的台灣，正處於威權統治世代交替的狀態。接任蔣介石的蔣經國雖然維持了國民政府的威權統治政權，但隨著強人身體的日漸衰微，國家機器也開始失控。1980 年 2 月 28 日，美麗島事件被告林義雄的母親和雙胞胎女兒被刺殺身亡，長女重傷。1981 年 7 月 3 日，台籍卡內基美隆大學教授陳文成被人發現陳屍在台大研究生圖書館旁。這兩起命案疑點重重，但迄今未破。1984 年 10 月 15 日，華裔美籍作家劉宜良（江南）遭到刺殺，雖然事發地點在美國，後來證實是台灣黑道分子所為。這些案件涉及政治暗殺，都反映出情治單位不受掌控，國家機器內部分裂，威權體制出現鬆動的跡象。

相較於 1970 年代的沉寂，在台灣的民間也如驚蟄後的春雷，1979 年年底的「美麗島事件」發出巨響。當時的「美麗島雜誌社」於 12 月 10 日世界人權日在高雄市舉行遊行與演講，訴求民主自由，實施戒嚴的政府卻將主事者逮捕入獄。但台灣的社會並未因此停歇民主化的腳步，進行著局部化和議題化的行動，包括訴諸中產階級的消費者保護運動、以外省人為主的返鄉運動、各地蜂起的環境保護運動、乃至於農民運動等。這些 1980 年代前期的社會運動和 1970 年代形成明顯對比，雖然這些社會運動的因子早已存在，但直到 80 年代前期因為強人老病力有未逮之際，才有了進行集體行動的條件。雖然這些運動不是政治反對運動，沒有直接碰觸政治權力的議題，但卻具有清楚的政治效應，挑戰了當權者的權力。與此同時，被壓抑的政治運動也在暗中醞釀，找尋匯集力量的方式。

台灣的威權體制以強人為支撐，但強人總有老病的一天。處於中國大陸邊緣的島嶼，又依賴美國的支援方能存活。這兩個條件，使威權體制需要透過選舉來徵補人才，並鞏固統治的正當性。但也因為選舉是定期舉行的，所有人都會藉著選舉來檢測本身的實力，盤算之後的策略。1980 年代前期，台灣已經有增額立法委員和國大代表、省議員與市議員等選舉活動。美麗島大審後，許多涉案者的家屬都紛紛高票贏得各類選舉。他們通稱為「黨外人士」，在 1985 年組成「黨外中央選舉後援會」，清楚地以選舉為導向；年底提名 11 人參選台北市議會選舉，全數當選。選舉結果不但向執政者遞出強烈的訊號，也增強了自身的信心。1986 年年底的增額立法委員和國大代表選舉，是黨外人士的重要考驗。9 月 28 日，在圓山大飯店召開「1986 年黨外選舉後援會」，與會人士決定組成「民主進步黨」。這是一個重要的歷史關鍵，某些與會人士做好被逮捕的準備，保守派人士也準備行動，但最終蔣經國說出「時代在變，潮流在變，環境也在變」，默許民進黨的成立。許多美麗島的受難者和辯護律師，日後也成為民進黨的核心人物。從大歷史的角度來看，美麗島事件後的台灣，歷經許多小規模的衝撞和調整才走向民主化，我們不能論斷民進黨的成立是否必然，但社會力的興起和強人的衰老則是不能阻擋的趨勢。1980 年代前段的台灣，就是這樣步入民主化的。威權體制逐漸解體，新興社會力量逐漸壯大，但威權政黨沒有因為民進黨的成立而被擊敗，反而利用其優渥的黨國資源轉型成選舉政黨。

我們出生於 1960 年代，一直在黨國戒嚴體制中受教育，經過聯考制度進入大學，當社會產生一波波的騷動之時，看到的是什麼？在威權統治下的台灣校園一直是政治社會運動的末稍，對外在世界的敏感度低，即使有任何對當局的不滿，也只能進行地下化的抗議。在 1980 年代的當時，還沒有現在的少子化和高等教育機構擴張的現象，大學被稱為「窄門」，能考上大學只是社會中的少數。一般而言，在聯考制度下，大學生是分數主義產物，有些人來自弱勢家庭，但家境在中上階級者則更多。大多數人在進入大學校門以前對外在世界所知有限，進了校園以後，也只有少數人透過書本、社團和朋友來瞭解外在世界，而這些媒介和外在世界的關係是很淡薄的。整個校園安和樂利，騷動只在圍牆外發生。

大學生的「政治社會化」，可能從參加社團開始，而這種參加有很大的隨機性與限制，何況當時成立的社團也受到訓育單位的管制。在這種氛圍下，許多大學生在文字上建立價值，而不是以價值去創造文字。但當外在世界的變化逐漸滲透到大學後，有人發現戒嚴掩蓋的不只是憲法，還有歷史。記得在大學歷史系的課堂上，連中國近代史的教授在講授特定歷史事件時，都特別交代：「以下的這一段是史實，但課本沒有寫，你們只要聽不要抄，也不要講出去」，在談中國的歷史時都已經這樣地受到政治箝制，更何況在當時還被視為禁忌的台灣歷史。

我們在台灣的日常生活經驗和教育體系所灌輸的官方意識形態有很大的出入，隨著台灣本土社會力量的成長茁壯，以及政治反對運動的萌發，各種官方的意識形態被揭露和反抗，也引起了年輕學子們的疑惑與不解，於是飢渴的學生，找不到適當的文字可以瞭解這塊土地，只好去舊書攤乃至向書店老闆影印私藏的禁書，想要瞭解這個世界。1986 年的大學校園也開始騷動，台大學生發行《自由之愛》爭取校園民主。直到 1988 年，台大人文社會學科的碩士班研究生才成立了台灣校園內的第一個台灣研究社，以展現台灣主體性為宗旨，進行台灣政經社會本土歷史的研究討論，當年的 10 月首次發行以《台灣研究》為名的校園刊物。整體而言，「八零年代站在新舊典範替換的臨界點上，台灣八零年代的巨變，不只是政治強控體制的鬆動重組，還是社會文化價值的丕變。」（黃崇憲 2012）這群校園青年也受到外在世界的理想和熱情吸引，但解嚴前後的台灣，以台灣為主體性的台灣歷史和台灣研究卻依舊還是一大片空白。

（二）台研會的綠色大桌布

那片空白，逐漸在一張綠色的大桌布上填補起來。在台北市新生南路三段與和平東路的交界口，有一間小小的研究室，那個研究室裡有一張綠色的大桌布。這張桌布，屬於「財團法人台灣研究基金會」（台研會）。台研會是在 1988 年 3 月 5 日立案登記成立的，那個時候蔣經國過世不到兩個月，由於正值解嚴後，創辦人黃煌雄先生認為台灣即將迎接「關鍵性轉變」的階段，而必須「一、儘快地結束非常時期體制與法令的初步階段；二、將台灣當成常態社會來規範的第二階段。」，並以熱愛鄉土、關懷台灣為主體舉辦活動（黃煌雄 2003）。但是台研會和其他基金會很不一樣的是，他特別為當時的年輕學子創造了一塊新生代的園地，而成為學運世代的「家」：「成立台研會最純樸的動機，便是我曾經是一個研究生，如果我現在有能力提供一個園地，讓研究生在他的人生中最需要的時候，彼此之間，可以互相交流激盪，在他們生命成長的過程中，一定可以幫他們節省一些時間。事實上，提供園地、尊重知識、探索真理，一直是台研會的基本信念。也正由於台研會一開始即秉持這種信念，且一直堅持這種信念，而在推動過程上，又洋溢著理想色彩，充滿著學術味道，台研會才自然而然成為八零年代風起雲湧的學運時代，許多學生感到最可信賴而親切溫暖的「窩」(家)。」[1]

台研會是學運參與者的窩，而且是填補知識飢渴的窩。這兩件事，又相互增強：青年人越認識真實的台灣，就越覺得校園被威權體制所掌握，也越想突破限制。於是台研會成為年輕人的舞台，他們自己寫劇本，自己上場演出。1989 年 7 月 8-9 日，在台大法學院舉辦了第一屆「新生代論文研討會—解析台灣非常時期的體制與現象」。在才解除戒嚴的當時，匯集各校、各系所的研究生發表論文，是前所未見的，甚至還大膽地用「非常時期」。這個研討會的發表人、評論人，以及在場參與的主要觀眾也是研究生，所以叫「新生代論文」，那是一段知識青年共同成長的美好年代。「新生代論文研討會」持續到 1997 年，涵蓋的主題包括：台灣社會運動的回顧與展望、中台關係與台灣社會、國民國家與台灣歷史、台灣的國家建構與資源分配、重返台灣民間社會：常民生活分析、台灣學運時代、新興國家與新新人類等。以領域來看，這些主題具有當代性，範圍涵蓋

---

[1] 這段話摘錄自黃煌雄先生於 2003 年《不畏權威、不斷追求——台灣研究基金會成立十五週年專刊》的〈創辦人十五週年感言〉的第一頁。

國家與社會、國際政治，但也和青年有關，如學運時代、新新人類等。透過這樣的跨校交流，研究生成為台灣研究的生力軍。

1988 年開始，「台灣研究」如雨後春筍般地萌發，除了「台灣研究基金會」之外，中央研究院所成立的「台灣史田野研究室」、以基進本土學術刊物自詡的《台灣社會研究季刊》、以及成立於 1990 年的「吳三連台灣史料基金會」，說明了台灣研究的學術禁忌已經被衝破，總統府核准中研院於 1993 年 6 月設立「台灣史研究所籌備處」，表示台灣史研究已經得到承認，並進入正式的學術機關體制。

二、我們在美國參與台灣的歷史

（一）到美國留學

除了台灣研究的探索，許多新生代年輕學子也同時參與 1990 年代的「野百合學運」，促使《動員戡亂時期臨時條款》劃下休止符，雖然當時的總統李登輝才剛剛在 1991 年的 5 月 1 日宣布終止《動員戡亂時期臨時條款》，八日後卻又爆發「獨台會事件」[2]，再次經歷了反政治迫害抗爭行動。

2 1991 年 5 月 9 日凌晨，法務部調查局幹員在未知會的情況下，突然進入這群在1980年代末期茁壯的「新生代」，在戒嚴中成長，參與促成解嚴的歷史。他們對於台灣的認識與熱情，有街頭的實踐，以及知識上的追索。1990年代離開大學校門之後，這些人要踏出人生的下一步，有的人持續獻身於社會運動，有些人開始投入選舉，也有人選擇進入研究所。以實踐為取向的青年，在解嚴後的台灣尋找自己個人在政治上的空間，而當時的台灣本土的知識以及相關的研究，亟待耕耘與深化，因此無論選擇進入社會、獻身政治、或鑽研學術，皆有其重要性。以台灣史為研究志向的青年，一部分進入台灣的研究所，以社會科學為志業的青年，多選擇留學。這個路徑很容易解釋：要研究歷史，最好的資料當然在台灣，不必外求；而社會科學的源頭，主要在歐美等國。

這批新生代經過了解嚴與學運的淬煉，體認到個人知識的局限，而選擇到國外求學，主修社會科學，帶有強烈的求知動

國立清華大學，逮捕清大歷史研究所碩士生廖偉程。同時又逮捕國立台灣大學社會學研究所畢業的文史工作者陳正然、民主進步黨籍的社會運動參與者王秀惠與傳道士林銀福（Masao Nikar），指稱上列四人接受旅居日本的台灣獨立運動者史明資助在台灣發展獨立台灣會（獨台會）組織。之後，於5月11日逮捕協助林銀福張貼獨台會文宣的安正光。這五人因為閱讀史明的著作《台灣人四百年史》並曾赴日本拜訪史明，回台後協助獨台會製作、散發相關文宣，以觸犯唯一死刑的《懲治叛亂條例》與刑法一百條為由，而被逮捕。此事件引發台灣社會與大學校園強烈反彈，學生集結占領了台北火車站，要求釋放這五人，經過數日的抗爭，最後這五人被無罪釋放，也在後續的行動中終結了「刑法一百條」。

機進行台灣研究，也開始將過去在台灣的運動能量擴散到美國的留學生社團當中，首先上場的是台灣同學會的「正名」運動。當時許多在美國大學的台灣同學會用的是「中國同學會」或「自由中國同學會」，這個具有大中國意識形態的社團名稱，是台灣島內現況的延伸，當時的人民社團和學會皆冠以「中國」而非「台灣」，例如現在的「台灣社會學會」當時稱為「中國社會學社」。而台灣島內由於解嚴與民主化之後「民智已開」，加上六四天安門事件的影響，美國開始招收大量的中國留學生，在美國台灣留學生社團的「中國同學會」名稱就面臨到「名不符實」的窘境。

從 1991 年起這些學運世代進入美國各大學之後，就開始了「正名」運動。然而，並非所有台灣的學生都同意改名，改成「台灣」則遭遇更多的阻力，因為牽涉到統獨的意識形態問題，因此在改名的過程中「台灣」、「中華民國」或「自由中國」，牽涉到台灣留美學生社團內部的動員和角力。1995 年中共軍事演習時引發的台灣海峽飛彈事件，我們當時在杜克大學（Duke University）遭遇的經驗，是當台灣學生在自己的大學舉辦針對中共飛彈試射瞄準台灣的抗議事件時，由於「中國同學會」的名稱還沒改成「台灣同學會」而只能以此為名商借場地時，學校的職員滿頭霧水地問我們：「你們是中國學生抗議自己的政府，是吧？」而當我們解釋「中華民國」和「中華人民共和國」的差別時，對方反而對兩個中國的名稱更加不解。隨著 1992 年獨台會事件廢止「刑法一百條」之後，國民黨政府無法再用政治黑名單來阻撓異議人士返台，加上兩岸情勢的對立情勢升高的氛圍下，美國各大學的台灣留學生社團正名運動如火如荼地進行，1995 年台灣的海外留學生針對台海飛彈危機，也從跨校延伸到跨國的串連，進行全球組織「全球反飛彈和平守夜」的活動。那些年，我們在美國，都一起參與了這些運動。

（二）台灣研究的社會運動

當時在美國的台灣留學生當中，已在 1983 年成立跨校社團「台灣學生社」（Taiwanese Collegian，簡稱 TC），以理工科學生為主，被視為是「台灣獨立建國聯盟」（World United Formosans for Independence, WUFI）的「學生版」（闕河鳴、羅正方、許維德 1995）。而 1990 年代之後學運世代以社會科學為主的留學生則是一股新的力量，雖然有同樣的台灣意識，但兩者並非一拍即合。學運世代認為 TC 的學生都從統獨的角度看台灣，過於堅持台獨「基本教義派」，而 TC 的理工科學生則覺得這些學運世代只有論述：「理工科學生由於背景訓練強調效率與準確的原則，對於事物的判斷傾向於果斷因應與有效操作的思考，所以能有較高的實踐取向與奉獻熱忱，但是卻缺乏對社會脈動的抽象思考能力，以及缺乏彈性的政治協商能力。相對而言，社會科學的學生對事務的特殊性與異質性有較強的敏感性，同時研究的對象也直接面對人與社會，因此對於學運理論的形成與社會改造的內容能夠提出較具體的方案，但是由於缺乏在實踐面向的修正與社會脈動的高度複雜性，理論的堆砌往往又流於學院內的思辯層次。……但學運界兼具二者特質的優秀成員仍為非常少數，理工與社會科學學生間的缺少對話管道與共識模式則是不爭的事實。」（闕河鳴、羅正方、許維德 1995：13）。

根據曾是野百合學運領袖，現任台中市市長的林佳龍的描述，他在 1991 年進入美國耶魯大學攻讀政治學博士學位，與 TC 的台灣人海外運動接觸，率先加入 TC，開始和 TC 成員的羅正方、闕河鳴等人進行串連，將這兩股勢力進行整合（林佳龍 2005：105-108）。於 1994 年 4 月在耶魯大學的「台灣論壇」舉辦「1994 留美學生台灣學術研討會」[3]，合辦單位是耶魯的台灣同學會，當時使用的是「耶魯自由中國同學會」的名稱。該會聚集了全美二十幾所大學，近百名台灣留學生關心這個議題[4]，文法與理工科的學生都來參與，共同討論台灣的民主化、政黨政治、社會政策、兩岸關係，以及國家認同等。與會者共同倡議組成「北美洲台灣論文研討會」，並推舉林佳龍

---

[3] 林佳龍曾經在 2005 年的書中提到「台灣問題研討會」是「北美洲台灣研究會」的前身（2005：107），應該就是這個研討會。在台灣大學的總圖書館有收藏當年的會議手冊。

[4] 參與者當中有 47 位列名為 NATSC 的發起人，名單詳見附錄 2。

為會長，於是第二年就在他就讀的耶魯大學，舉辦了第1屆的「北美洲台灣研究論文年會」（North America Taiwan Studies Conference, NATSC）[5]。

必須說明的是，隨著台灣島內台灣研究的發展，歐美的學者也同時注意到這股趨勢，在1987到1996年當中，和台灣有關的英文出版品，質與量同時急遽攀升，十年間就出版了4,076本和台灣有關的書籍，直追前面20年間（1967-1986年）的4,224本出版總數（許維德 1999）。於現有的這些基礎上，「北美洲台灣研究論文研討會」成立的宗旨，在於促進台灣學術研究，並提供台灣和西方學者的交流管道，推動比較和跨學科的討論平台（NATSC 1997）。更重要的是，希望透過這個研討會，將台灣的相關研究從原來所附屬的中國區域研究中，獨立成為個別的研究領域，用社會運動的方式，建立從台灣主體性出發的研究論述場域。

前四屆的年會分別在耶魯大學（Yale University）、密西根州立大學（Michigan State University）、加州大學柏克萊分校（University of California, Berkeley），以及德州大學奧斯汀分校（The University of Texas at Austin）舉行。除了台灣的留學生之外，也有來自北美洲的學者，其他尚有從台灣、香港、英國、及法國遠道而來的研究者，堪稱當時英語世界裡規模最大的幾

5　林佳龍自述成立過程，收於附錄1。

圖 2-1　1995 年第 1 屆北美洲台灣研究年會與會人士合影

圖 2-2　2003 年台研會十五週年慶會後合影

個台灣研究會議。該會於 2000 年轉型為「北美台灣研究學會」（North American Taiwan Studies Association, NATSA），並在 2009 年正式登記為非營利組織，這個研討會至今已舉辦超過 20 屆[6]。

三、NATSC 到 NATSA

從 1994 的籌備會開始，林佳龍帶頭組織一群具有台灣意識，且在北美留學的碩博士研究生。這些人在台灣的大學階段，一同參與學運，一起在新生代論文發表會宣讀論文，一起在台研社的綠色桌布中論辯台灣的過去、現在與未來。到美國留學之後，雖然分布在美國各州的大學校園，藉著這個研討會繼續聚集台灣研究的能量，因此籌辦這個研討會的動機並不是跨校同學會的聯誼，而是嚴肅地希望創造一個論述的場域，並加以延伸擴大。因此，在 1995 年的會議開始討論，在 1996 年的年會制訂籌辦這個研討會的章程：「北美洲台灣研究論文年會籌備會組織章程」（參見附錄 4），作為未來繼續舉辦研討會的依據。其中第三條明訂會員資格為「凡於北美洲從事台灣研究，或熱心推動台灣學術研究者，可申請成為本會一般會員或贊助

6 附錄 3 收有從 1994-2016 年各屆會長、年會舉辦地點、當年會議主題。

會員」，其他人則可以申請為贊助會員。重點在於該章程以台灣研究為宗旨，希望超越種族和國籍的方式吸納對台灣研究的有志之士。有關下一個年度的會長、副會長、秘書、財務等職務，則是在當屆的會員大會，也就是研討會的參與者當中，投票表決產生。為了配合會務的推動，另外推舉三至九人為執行部成員。這些被選出來籌備下一屆研討會的幹部們，除了會長之外，都是接任再下一屆會長的儲備人選，也就是說至少參加兩次以上的成員，才有機會擔任會長一職，透過這個機制，舉辦研討會的經驗得以傳承下去。由於成立 NATSC 具有對推動台灣研究的「運動」目的，發起成員都是「熱血」的年輕世代，因此所有參與的幹部都是義務幫忙，利用網際網路以及三方通話的連線，進行會務的討論與執行，這個制度從此確立，沿用至今[7]。

至於下一次的開會地點，不見得就是該屆會長就讀的學校，而是透過討論協調找到可以承接的校園，而這部分由在地的總幹事，也就是 Local Manager 負責。選擇地點的原則是儘量在美國各大校園輪流舉行，地理上希望分散而不要集中在特定某幾個校園，藉此達到「廣泛參與」的目的。因此，當時前幾屆的地點就是兼顧從美國的東部（耶魯）、中西部的密西根州立大學、西岸的加州大學柏克萊分校，到南部的的德州大學奧斯汀分校，然後 1999 年再到中西部的威斯康辛大學麥迪遜分校。

[7] 1996 年章程的中、英文版，請見附錄 4。

1997 年當研討會進行到第三屆的時候，已經穩定化也得到學術社群認可與口碑，與會成員開始思考如何擴大參與，以及思考如何將研討會「公共法人化」。由於之前參與研討會的成員，大都在台灣就已經熟識，也就是主辦成員以動員朋友參與的方式在進行，到了 1998 年的第四屆年會，有意識地希望淡化朋友網絡關係的色彩，積極對外廣發訊息，試探「不動員的最大參與能量」。可喜的是，在 1998 年那屆收到超過 50 篇的論文，已經轉型到由各界自動投稿的「公共論述的學術社群」（黃崇憲 2003：20）。另外，與會者也意識到朝「公共法人化」發展的必要性，通常一個學術專業領域，是先有學術社群的組織與幹部，然後在每年舉辦學術研討會，進行學術交流，同時召開會員大會。而當時的 NATSC 只是一年開一次的研討會，雖然大家都從事台灣的學術研究，並沒有一個正式的學術社群組織，因此才會開始思考如何進一步建制化，而在 2000 年轉型為「北美台灣研究學會」（North American Taiwan Studies Association, NATSA）。

當時舉辦研討會的經費，主要是由黃煌雄先生的「台灣研究基金會」所提供的，最初是一年 15,000 美元，後來在第六屆之後增加為 25,000 美元。為何台研會要支持一個在美國的研究生研討會？黃煌雄先生在 1997 年的年會致詞中，提到兩個原因：第一、台灣研究從解嚴到走向世界舞台，北美洲是一個起點。「台灣研究必須在學術性、主體性之外，還要兼具有世界性。

我們不僅要能「從台灣看天下」，更要「從天下看台灣」。第二、就如同在台灣推動新生代論文研討會一樣，這是一件很有意義的事情，所以就以「很純樸」的心情來支持。台研會提供經費的初衷，是給在北美的研究生一個經營台灣研究進軍世界的舞台，加上這些參加的核心成員都是過去和台研會關係互動密切的「新生代」，彼此之間有著深厚的革命情感與信任，因此台研會完全不介入的會務運作，補助會議經費以及與會者的交通費用，讓這些留學生與學者能夠共聚一堂，經營海外的台灣研究社群。

在台研會從 1995 年開始支持這個研討會的同時，在台灣的新生代論文研討會也持續舉辦，直到 1997 年才停辦。黃先生表示，這兩個研討會並沒資源排擠的問題，而是因為台灣研究在島內已經從解嚴初期的踽踽獨行，發展到中央研究院成立台灣史研究所籌備處，以及各大學廣開台灣史課程的欣欣向榮，台研會的新生代論文研討會算是完成階段性任務。NATSC 雖然有「台灣研究基金會」每年固定的經費作為後盾，但隨著參與的擴大，以及為了研討會質量的提升邀請學術界知名學者與會等需求，籌備會的幹部們從 1998 年開始也積極尋求其他的經費來源。雖然如此，基本上來自於台研會的經費占了最大的比例。直到 2012 年的第十八屆開始，台研會才停止對於 NATSA 的經費支持，主要原因是隨著 NATSA 在海外所建立的台灣研究地位，吸引了台灣島內各大學大量增設的台灣史與台灣研究機構的碩博士的參與，於是來自台灣的論文發表數逐年增長，甚至占了與會者相當的比重，這和當初台研會所設定的「北美洲台灣研究論文研討會」只補助給海外的留學生的目的已有差距。而過去與台研會有革命情感的學生們，幾乎在前幾年都已經取得學位回到台灣。台研會與 NATSA 的幹部們之間的個人連結，也隨著這個趨勢而漸漸淡薄。若衡估台研會在 1997 年停辦已經舉行九屆的新生代論文研討會，以及 2012 年之後就不再支持 NATSA 的原因，主要因素還是在於台灣研究從禁忌到開放，從邊緣到顯學的發展歷程。而黃煌雄先生的台研會一直扮演台灣研究「先覺者」的角色，已經完成了「篳路藍縷、以啟山林」的工作，也因此鼓勵年輕世代的研究生舉辦台灣研究研討會的任務，就完全功成身退了。

四、生生不息的「我們」

當年到美國攻讀學位時，我們充滿著對台灣的熱愛，以及學習歐美國家的理論制度，懷抱著創造更美好台灣的理想，很自然地，也反應在博士學位論文題目上面。以這五屆的會長為例：第一屆的會長林佳龍的政治學博士論文探討的是台灣通往民主的路徑（Lin 1998），第二屆會長林繼文也是政治學領域，比較台灣和日本選制變革的差別（Lin 1996）。第三到五屆的會長則都是社會學領域，第三屆會長黃崇憲分析發展型國家和台灣資本主義的關係（Huang 2002），第四屆會長潘美玲使用全球商品鍊分析台灣產業發展的生產網絡（Pan 1998），而第五屆會長許維德則關注海外台美人的政治認同（Shu 2005）。我們都從 1994 年起參加過至少三屆的年會，發表個人的台灣研究，也在論文趕工的壓力下，擔任 NATSC 的幹部或會長，我們承擔這些任務作為個人對台灣研究學術關懷的具體實踐行動。

我們這些從 1994 年參與發起以及籌備 NATAC 的人，也以很純樸的精神，在台研會的支持下，共同制訂章程張羅會務。我們從研究生階段就和台灣研究一起成長，NATSA 已經傳承了二十屆，而當初的新世代多已回到台灣當了老師，培育出另一代的台灣研究者。在此二十年當中，台灣研究不但走向世界舞台，也生生不息。我們回顧 NATSC/A 的歷史，也就是回顧自己的過去，以及展望台灣研究的未來。

參考文獻

林佳龍，2005，《做對的事，把事做對》。台北：圓神出版社。

陳紹馨 1979[1966]，〈中國社會文化研究的實驗室——台灣〉。頁1-7，收錄於其《台灣人口的變遷與社會變遷》。台北：聯經。

黃崇憲，2003，“A Community of Discourse in the Making-NATSA”，頁 19-20。收錄於王玉靜主編，《不畏權威、不斷追求——台灣研究基金會成立十五週年專刊》。台北：財團法人台灣研究基金會。

黃崇憲，2012，〈夢想共和國的反挫：1980 年代的個人備忘錄〉，《思想 22——走過八零年代》：179-195。

黃煌雄，2003，〈緣起〉，收錄於王玉靜主編，《不畏權威、不斷追求——台灣研究基金會成立十五週年專刊》。台北：財團法人台灣研究基金會。

闕河鳴、羅正方、許維德，1995，〈90 年代北美洲台灣學生運動〉，論文發表於「第七屆新生代論文發表會——台灣學時代」，台灣研究基金會主辦。1995 年 7 月 8-9 日

Huang, Chung-Hsien, 2002, *Route through/to Flexible Accumulation: Retooling the Developmental State and the Remaking of Amoebic Capitalism in Taiwan*. Ph. D. dissertation, Department of Sociology, University of Wisconsin-Madison.

Lin, Chia-lung, 1998, *Paths to Democracy: Taiwan in Comparative*

Perspectives. Ph. D. dissertation, Department of Political Science, Yale University.

Lin, Jih-wen, 1996, *Consequences of the Single Non-Transferable Voting Rule: Comparing the Japan and Taiwan Experiences*. Ph. D. dissertation, Department of Political Science, University of California, Los Angeles.

NATSC, 1997, *A Brief History of the North America Taiwan Studies Conference. (NATSC)*.

Pan, Mei-Lin, 1998, *Local Ties and Global Linkages: Restructuring Taiwan-based Production Networks in the Apparel and Computer Industries*. Ph. D. dissertation, Department of Sociology, Duke University.

Shu, Wei-der, 2005, *Transforming National Identity in the Diaspora: An Identity Formation Approach to Biographies of Activists Affiliated with the Taiwan Independence Movement in the United States*. Ph. D. dissertation, Department of Sociology, Syracuse University, Syracuse, N.Y.

第3章

新史學典範與知識社群的追尋

寫在 NATSA 二十週年

張隆志

中央研究院台灣史研究所副研究員

NATSC 1995 發起人

一、前言

成立於1995年的北美台灣研究學會（NATSA），是由海外台灣研究生和致力研究台灣問題的國際學生與新近畢業生共同合作經營的學術團體。每年於各大學校園舉行的台灣研究年會，則是目前北美最大的台灣研究學術活動。該會議不僅是台灣研究的學者和學生知識交流的定期論壇，也是對東亞地區及全球問題有興趣的研究人員，獲得動態交流和開闊學術視野的重要場合。[1]本文是關於NATSA早期歷史的參與觀察實記，也是篇結合個人記憶、組織發展及學術史分析的多重敘事。作為1980年代後期投入台灣研究的歷史工作者，本文作者因緣際會地於1995年、1999年及2004年參與了首屆、五週年及十週年三次年會活動。也目睹了從北美台灣研究論文年會（NATSC），轉型為北美台灣研究學會的發展過程。全文將以「時代、世代與學術」、「觸媒、網絡與轉型」、以及「典範、社群與傳承」為題，分別回顧個人參與NATSC成立的背景、以及NATSA五週年及十週年會議的經過，並從史學史的觀點，討論NATSA與台灣史研究學科化與國際化的學術脈絡。透過1980年代以來學院台灣史的發展軌跡，分析NATSA歷史所反映的時代及世代意

1 參見NATSA網頁介紹：
http://www.na-tsa.org/new/about/mission-statement

涵。從而反思台灣研究典範轉移及與知識社群建構過程，以及新世紀 NATSA 的學術發展願景。

二、時代、世代與學術：關於 NATSC 的回憶敘事

1995 年 6 月 3 日上午，第 1 屆北美（洲）台灣研究論文年會在耶魯大學正式召開。我以 “The 1895 Taiwan Republic: A Centennial Reassessment” 為題，在大會第一場次的「歷史與民族主義」小組發表論文。同場發表的有加州大學聖地牙哥分校（University of California San Diego, UCSD）的 Andrew Morris，密西根大學（University of Michigan）的駱明正，堪薩斯大學（The University of Kansas）的沈秀華，以及雪城大學（Syracuse University）的許維德，當時都是博士候選人及博士班高年級學生。首屆 NATSC 年會由來自美國 20 所大學的 47 名台灣留美學生共同發起。[2] 作為哈佛大學台灣研究會（Harvard University Taiwan Study Club）的第 7 屆社長，我和前後任社長黃昭元及廖英智代表列名年會發起人，並受邀擔任籌備小組成員。[3]

---

[2] 參見本書附錄第一屆 NATSC 大會資料。

[3] 關於 1990 年代哈佛大學台灣研究社活動，參見 http://www.hcs.harvard.

1980年代後期至1990年代初是台灣研究蓬勃發展的時代，也是學生運動風起雲湧的時代（黃崇憲 2012）。而諸如《人間》、《當代》與《新新聞》等雜誌媒體，以及《台灣社會研究》學術季刊陸續創刊，更為台灣人文社會領域注入嶄新的活力。作為台灣研究的後進者，我在1986年退伍後進入台大歷史研究所就讀，並選擇以清代台灣平埔族群史和族群關係作為碩士論文題目。期間因參與校園審稿制度的連署，間接參與了自由之愛學生運動。並以筆名在《南方》雜誌上，發表有關教科書台灣史的評論。1987年7月台灣解嚴，在政治所林佳龍、林繼文以及社會所翁仕杰與張宏輝等人的倡議下，我們共同發起成立台大台灣研究社。除了支援其他同名學生社團的校園抗爭運動，台大台研社亦選擇了學術實踐路線，並以調查整理日治時期台北帝國大學台灣資料作為課題（簡稱台調計畫）。[4] 其後更發展成關於台北帝國大學校史的嶄新研究課題。[5]

在此一校園本土研究萌芽階段，我與翁仕杰在1989年參與了由台灣研究基金會舉辦的第1屆「新生代論文研討會」，並分別以平埔族群關係史及漢人民變轉型為題發表論文。而多位

---

edu/~hutsc/activity.htm

[4] 台北帝大學術文獻目錄索引與解題計畫。http://www.lib.ntu.edu.tw/doc/cg/resources/U_His/academia/no1-ch9.htm

[5] 《台北帝國大學研究通訊》創刊號，http://web.lib.ntu.edu.tw/speccoll/node/126

台大台研社及新生代論文研討會的同仁們經歷了 1990 年 3 月的野百合學運之後，分別前往美國各大學攻讀學位。在台研會黃煌雄先生從國內到國外播種台灣研究的發展願景及經費支持下，乃由林佳龍夫婦及耶魯大學台灣同學，領銜催生並負責主辦首屆年會。

1995 年 6 月 2 日至 4 日舉行的首屆 NATSC 年會共分為五場次，分別討論歷史與民族主義、文學、宗教、社會政策、女性主義、政體、經濟與社會轉型、以及台灣與中國關係等八個主題。時值馬關條約割台百年，在眾多延續解嚴以來對於社會運動、民主化與國家認同的當代關懷的討論中，兩篇歷史類論文均以 1895 年台灣民主國為主題。“The 1895 Taiwan Republic: A Centennial Reassessment” 一文，也成為博士論文 “From Island Frontier to Imperial Colony” 的研究基礎。在留美期間的學習與發表過程中，個人對於台灣史研究的視野，也由 18 世紀清代的平埔族群史與多族群社會，轉向 19 世紀末至 20 世紀初台灣近代的領土治理與主權論爭。

從個人研究方向的轉變，也反映了學院台灣史研究的某些趨向。1991 年由台大文學院出版碩士論文《族群關係與鄉村台灣》，是個人參與中央研究院研究計畫及台灣大學史料整理工作的階段性成果。1986 年由張光直先生所推動的中央研究院「台灣史田野研究計畫」，是學院台灣史研究的重要里程碑，並成為 1993 年台灣史研究所籌備處及 2004 年正式成所的重要基礎。

1988 年我在台灣史田野研究室擔任兼任助理期間，認識了翁佳音、潘英海、詹素娟、洪麗完及李季樺等平埔研究的先進和夥伴（莊英章 1988）。而協助台大黃富三教授整理圖書館《岸裡文書》的經驗，以及業師曹永和院士的台灣島史論，則成為碩士論文研究在實證及解釋上的重要支柱（張隆志 2010）。

1991 春天來到哈佛後，除了接受孔復禮（Philip Kuhn）教授的指導，並參與由柯偉林（William Kirby）教授及波士頓大學 Robert Weller 教授在費正清研究中心所推動主持的 Harvard Taiwan Studies Workshop 。當時哈佛校園的台灣留學生，除了參與中華民國同學會的同窗聯誼，亦以台灣研究會為核心進行各項學術活動。我們除了邀請張光直及柯偉林教授擔任社團顧問，亦常向服務於哈佛燕京圖書館的台灣史研究前輩賴永祥副館長請益。回想起來，無論是訪問學者的演講（如許宗力、單德興，張瑞德，宋文里，廖咸浩、張笠雲等）、現代台灣政經專題研究讀書會（黃昭元、蔡果荃）選舉與時事論壇（黃昭元、廖英智）、台灣史讀書會（李明駿（楊照）、張隆志）、婦女研究讀書會（唐文慧、黃倩玉）、乃至里巷工作室《台胞》紀錄片放映，與「獨台會」事件主角陳正然的訪美演講等，都成為個人哈佛求學時期的珍貴回憶。

三、觸媒、網絡與轉型：參與 NATSA 十週年會議的回想

1995 年底，我以博士候選人身分返台，進入中研院台灣史研究所籌備處擔任研究助理。除了參與推動學院台灣史研究的各項工作，並繼續撰寫博士論文。如同許多先後返台的留美同儕，我們經歷了 1996 年第一次台灣總統直選期間的台海飛彈危機，也目睹了 1997 年環繞著《認識台灣》教科書的認同政治論爭。直到 1999 年 6 月，我才有機會赴美參加了在美國威斯康辛大學麥迪遜分校舉行的第 5 屆學會。猶記得發表的主題是 Remapping History，同場發表者有來自東海大學的蘇約翰（John Shufelt）及紐約州立大學的郭慧英，評論人為加拿大維多利亞大學的蕭欣義教授。雖然久仰蕭教授的大名（東海大學第 1 屆校友，徐復觀教授學生，台灣人公共事務會 FAPA 委員），可惜並無機會深談。經過歷屆同仁的辛苦經營，除了將原來的北美台灣研究論文年會（NATSC）改名為北美台灣研究學會（NATSA），以朝向專業化及制度化方向發展。五週年年會參與論文也增加為 17 個場次，內容更加多元豐富。[6]

1990 年代也是台灣史蓬勃發展的時期，尤其隨著《台灣總督府檔案》與《台灣日日新報》的開放流通與數位化，以

[6] http://web.archive.org/web/19990508201603/http://www.natsc.org/99conf/paper.html

及吳密察、周婉窈與王泰升等學者從日美等地先後返台授課。加上駒込武（1996）與近藤正己（1996）等重要日文台灣研究論著的出版，使日本殖民時期的研究蔚為顯學，吸引許多新生代的研究者。我在NATSA五週年發表的論文“Scientific Colonialism and Colonial Modernity: GotoShimpei and Japan's 'Civilizing' of Taiwan, 1898-1906”也屬於此一研究趨勢的作品。其後更進一步延伸為對於當時東亞研究學界進行中的殖民現代性研究的討論對話。雖然並未參與NATSA年會幹部的行政事務，但1999年的麥迪遜之行，則有助於我重新瞭解北美台灣研究的最新動態，並與台灣島內的新興研究趨勢相連結。還記得此行除了和久違的台大台研社友人翁仕杰重聚敘舊（當時就讀於威斯康辛大學佛學博士班）。在會後搭乘延平中學同窗吳叡人的便車前往芝加哥時，在沒有空調的舊車和同車的高格孚（Stéphane Corcuff）與林成蔚揮汗聊天的情景，也成了有趣的開會回憶。

第三次參與NATSA年會已經是2004年暑期。本次會議是在美國夏威夷大學（University of Hawaii—Manoa）舉行的第十屆年會，規模更為盛大。還記得本次會議的基調演講者為駱明正教授，距離首次耶魯會議十年後，她已經成為新銳的歷史社會學者，並以博論專書*Doctors within Borders: Profession, Ethnicity, and Modernity in Colonial Taiwan*（Lo 2002）受到英語學界肯定。她在演講過程中與艾琳達（Linda Arrigo）的論辯交鋒，令我印象深刻。而在會議期間台研會黃煌雄先生也和幹部們商談有關 NATSA 未來發展的走向。我的發表論文題為 “Colonialism, Modernity and Taiwan's Nineteenth-Century Transition: a Critical Historiography”，同場次發表者有就讀於南華大學社會學所碩士班的徐聖堯，以及任教德國波鴻魯爾大學（Ruhr-Universität Bochum）的賀安娟（Ann Heylen），分別討論殖民時期台灣地圖，以及歐洲教科書的中國與台灣圖像。討論人是美國堪薩斯州威契塔州立大學（Wichita State University）的台裔婦女史學者張庭寧（Doris Chang）。本次會議是我在 2003 年完成博論並提出升等後的首次北美會議之行，除了參 NATSA 年會，也想藉此拜訪夏威夷大學的台灣史研究前輩藍厚理教授（Harry Lamley），然因其身體因素並未如願見面。僅參訪該校東西中心（East-West Center) 及大學圖書館的相關東亞文獻收藏。個人在本次會議後除了日治時期殖民文化史的研究方向外，也開始朝比較殖民史、跨國歷史與後殖民史學等新領域發展。

2004 年除了是 NATSA 十週年的重要紀念，也是台灣研究建制化和國際化的重要里程碑：在台灣學界，中研院台灣史研究所經過十年籌備後正式成所，政治大學與師範大學台灣史研究所也於同年設立招生。而在西方學界，繼北美的 NATSA 之後，歐洲台灣研究學會也正式成立，其核心成員如羅達菲（Dafydd Fell）、高格孚及賀安娟等青年學者，都在台灣從事博論研究，並曾參與 NATSA 的相關活動。[7] 回顧二十年前參與 1995 年首屆 NSTAC 會議，以及其後 1999 年及 2004 年五週年和十週年會議的活動點滴，正是個人從博士生、博士候選人到博士後研究的學術養成期。雖然 NATSC ／ NATSA 活動只是個人留學生涯的一段插曲，而在美期間與當地台灣人社團及學術界僅有短暫交會。然而除了因緣際會地見證了學院台灣史研究從萌芽發展、學科建制化到國際化的重要發展階段，我更深刻體認到時代變遷、世代傳承與學術發展的密切關聯，以及 NATSA 作為北美台灣研究的重要觸媒與新興網絡的轉型意義。以下試從西方台灣研究典範與北美台灣史研究傳統的介紹，進一步討論 NATSA 與台灣史研究國際化的學術史。

四、典範、社群與傳承：論 NATSA 與台灣史研究的國際化

台灣史學史的發展軌跡並非單一研究系譜的線性傳承，而是多重知識傳統的斷裂與匯聚。欲理解當代台灣史研究的內涵及特徵，固需重視 1980 年代解嚴前後台灣政治社會的外在動

---

[7] 見本書第 9 章，楊孟軒，〈改革、耕耘、蓄勢待發：邁向北美台灣研究的第三個十年〉。

因，然亦不容忽視台灣近代以來各種不同研究傳統交會互動的長期學術脈絡。1980 年代以來的學院台灣史研究，可以視為中國地方史研究、日本殖民地研究，與西方區域研究等多重知識傳統的匯聚和交融。而作為新興本土研究的重要環節，其內涵與特徵則受到晚清及日治時期台灣本地歷史書寫、戰後海外反對運動，以及島內民主運動等學院外論述的影響。其中以 1930 年代台北帝國大學的殖民地研究、1950 年代台大及中研院的中國邊疆研究，以及 1960 年代歐美的東亞區域研究及漢人社會研究等學術業績最具影響力。而 1972 至 1975 年由張光直先生推動的「濁大計劃」以及 1986 年中央研究院「台灣史田野研究計畫」，則是台灣史研究學術化與學院化的里程碑。後者更為 1993 年台灣史研究所籌備處及 2004 年正式成所奠定重要基礎。[8]

回顧歷年 NATSA 的論文中，歷史類作品在數量上雖不如政治經濟類那般眾多，亦並未如文學與文化研究類成長迅速。但每屆的發表頻率始終保持穩定。[9] 作為西方區域研究傳統中的台灣史作品，相關論文在研究題材及資料方面，也反映了西文台灣史知識傳統的若干特色：如賀安娟介紹 17 世紀的荷蘭與西班牙文獻、蘇約翰整理 19 世紀西文文獻圖像資料、乃至拙文引用

[8] 見本書第 1 章，蕭新煌，〈建構台灣與全球的台灣研究：NATSA 的特性與貢獻〉

[9] 見本書第 4 章，林子倫、江俊宜，〈反抗國家、重構社會到積極自省：北美台灣研究學會年會論文主題的考察（1995-2014）〉

哈佛大學收藏的 H. B. Morse（馬士）書信集中對於台灣民主國的第一手紀錄等，均為具體實例。

就學術史脈絡而言，20 世紀前期西文台灣史先驅作品，可舉甘為霖（William Campbell）的 *Formosa Under the Dutch*（1903），以及達飛聲（James Davidson，又譯為禮密臣）的 *The Island of Formosa*（1903）為代表。戰後隨著美國現代化理論與區域研究的興起，西方學者於 1960 年代後期，陸續至台灣及港澳泰國等華人社會進行研究。尤其以史堅雅（G. William Skinner）及傅利曼（Maurice Freedman）等學者結合社會科學理論、田野與歷史文獻的中國社會研究作品，成為區域研究及歷史人類學的重要典範。1970 年代美國學界關於台灣史的主要成果，可舉史威廉（William Speidel）的劉銘傳研究，Leonard Gordon 的晚清外交史，Ronald Knapp 的歷史地理研究，郭適（Ralph Croizier）的鄭成功與中國民族主義研究，藍厚理（Harry Lamley）的清代械鬥與台灣民主國研究，白彬菊（Beatrice Bartlett）的故宮檔案研究，以及馬若孟（Ramon Myers）的經濟史與日本殖民帝國研究等為代表。而 Johanna Meskill 的清代霧峰林家研究，與 E. Patricia Tsurumi 的日治殖民教育史研究，則與 1980 年代高棣民（Thomas Gold）的政治經濟史研究，共同成為戰後英文台灣史的名作（Fix 1992）。

上述西文台灣研究的發展以及北美地區台灣史的學術業績，亦影響了台灣島內的相關研究趨勢及史料蒐集成果。例如美國哈佛燕京學社於 1960 年代中期補助台灣大學舉辦「台灣研究討論會」系列，開展了台灣作為中國地方史及中國社會文化研究的實驗室的研究契機。美國亞洲研究學會（Association of Asian Studies）曾成立台灣研究小組，相關學者曾於 1972 年在加州的 Asilomar 舉行了 Taiwan in Chinese History 學術研討會，邀請郭適、武雅士（Arthur Wolf）與馬若孟等美國學者，以及許倬雲、賴永祥、王崧興及曹永和等台灣學者與會。而猶他家譜學會（Genealogical Society of Utah）則在王世慶協助下，於 1974 年 12 月到 1978 年 6 月期間搜集 1,218 件台灣族譜，並為美國亞洲會台灣研究小組編輯《台灣研究中文書目》。而其在 1976 到 1983 年間所採集影印的《台灣公私藏古文書》，共 5,691 件，更是戰後台灣史料文獻整理的重要成就（王世慶 2004）。

另一方面，北美區域研究在台灣資料蒐集與專題論著之外，更提供不同於中國傳統文獻學及地方志研究的理論視野，並引介大型科際研究計畫的學術生產模式。最具代表性的範例，莫過於前述 1970 年代由張光直主持的「濁（水溪）大（甲溪）流域自然與文化史科際研究究計畫」（濁大計畫），以及 1970 年代後至 1980 年代由中研院近代史研究所推動的「中國現代化區域研究計畫」。「濁大計畫」引進社會科學與田野文獻的研究取向，並培育了陳其南、陳秋坤及林滿紅等台灣史研究人才。而其中如陳其南及李國祁等人所提出的清代漢人社會「土著化」與「內地化」理論，更成為 1980 年代台灣史的重要學術課題。

就學術出版而言，1980年代後期以來M.E. Sharpe出版社Taiwan in the Modern World系列為主要代表，出版了Thomas Gold, Edwin Winckler, Hill Gates等北美學者關於近現代台灣政治經濟發展與社會文化和宗教變遷的重要論著，以及Murray A. Rubinstein主編的通論讀本*Taiwan: a New history*（1999, 2007）。在大學出版社方面，Stanford University Press於1991年出版了賴澤涵與Roman Myers合著關於228事件的首部英文研究*A Tragic Beginning: The Taiwan Uprising of February 28, 1947*（1991）。還有邵式柏（John Shepherd）的重要歷史人類學研究*Statecraft and Political Economy on the Taiwan Frontier, 1600-1800*（1993），與Mark Allee利用《淡新檔案》完成的英文博士論文*Law and Local Society in Late Imperial China: Northern Taiwan in the Nineteenth Century* (1994)。而Harvard University Asia Center則出版了鄧津華（Emma Teng）關於明清台灣旅行文學及殖民論述的博士論文*Taiwan's Imagined Geography: Chinese Colonial Travel Writing and Pictures, 1683-1895*（2004）。而在學術期刊方面，*Journal of Asian Studies*於2005年出版了由Robert Eskildsen, Tonio Andrade, Paul Barclay, Antonio Tavares與Paul Katz（康豹）等五位青壯學者執筆的台灣史特輯。[10] 這些代表作品除了反映北美台灣史研

[10] Eskildsen, Robert et al. 2005. *Journal of Asian Studies: Special issue on*

究的學術趨勢，更成為台灣史學界的重要參考論著。

上述西文台灣史的知識傳統與北美台灣史研究的發展軌跡，提供了理解 NATSA 自 1995 年成立至 2004 年十週年會的另一個分析視角與學術脈絡。從解嚴後台灣研究新世代的留學生組織，到轉型為植根於北美學界的台灣研究專業學會，NATSA 成員們所面對的是來自於學術與現實的多重挑戰。隨著 1990 年代台灣中心史學（Taiwan-centered historiography）的建立，台灣史不再只是過去中國地方史、日本殖民地史、及歐美區域研究的邊陲課題，而成為台灣人文社會研究的新興領域和重要環節，並開始朝學科化和國際化方向蓬勃發展。自 NATSA 成立之後，台灣研究的相關組織，如日本台灣學會與歐洲台灣研究學會也分別成立。而台灣教育部與科技部等官方機構及民間組織，亦積極推動研究交流及國際會議活動。除蔣經國國際學術交流基金會（1989）獎勵國際漢學與台灣研究外，民間如林本源文教基金會（1976），吳三連基金會（1991）、順益原住民博物館（1994）及曹永和文教基金會（1999），均致力台灣資料蒐集與學術推廣。尤其是中央研究院於 2012 年與 2015 年陸續召開台灣研究世界大會（WCTS），使得台灣研究的國際化邁向嶄新的階段（張隆志 2009：174-5）。

Taiwan, 64(2)

五、代結語

2015年6月，我回到睽違許久的哈佛校園參與NATSA年會。如今的NATSA幹部已經是個全新而充滿活力的新團隊，而議程活動的多元與論文發表的質量，也早已超越1990年代草創時期的水平。尤其是關於2014年318太陽花運動的紀錄片與座談、228受難的前輩畫家陳澄波畫作的數位展示、以及對台灣研究前景與全球抗議運動為主題的圓桌論壇，令人印象深刻。而能夠看到昔日Harvard Taiwan Studies Workshop共事的Robert Weller教授以及好友鄧津華（Emma Teng）教授，更勾起許多美好的回憶。在哈佛行後，我繼續前往英國參與SOAS的第2屆台灣研究世界大會（WCTS），發表論文"Island of Histories: Memory, Identity and Heritage in Contemporary Taiwanese Historiography"，並受國家圖書館漢學研究中心邀請，至牛津大學擔任台灣漢學研究講座，講題為Digitalizing Taiwan: From Academic to Public History。回想起上次夏威夷NATSA之行，竟然已經是十年前的往事！

台灣本土史學的發展，歷經1950年代的民俗采風報導，1970年代的鄉土文獻考察，以及1980年代以來的學院歷史研究，在新世紀迎接跨領域研究的風潮，並面對島內及國際政治的變遷與族群及國族認同的論爭。NATSA作為北美台灣研究的專業學術組織及交流平台，正進行著重要的內部轉型，並構築嶄新的發展願景。[11] 雖然台灣研究在美國學術界並未受到與其重要性相稱的適當矚目及重視，但如同學會的宗旨所言：「台灣不是只是一個非常值得研究的「區域」；更是一個「路徑」，助吾輩對於當代人類社會有更深的瞭解，對於不斷變化的全球環境有更複雜的反省。尤其台灣是一個中介區域，多重接收並轉化傳遞了來自中國、日本、美國及其他東亞和東南亞國家的經濟與文化衝擊，這使得台灣研究得以為這些相關區域研究者提供嶄新觀點。」當前世界正面臨著全球性危機：極端氣候變遷、環境災害、國際衝突、政治紛擾及經濟失衡，均已經不是一地一國之內的狀況。而在東亞區域經濟及文化互動更加頻繁的同時，各國卻仍籠罩在二戰歷史的包袱與政治衝突的陰影之中。撫今思昔，展望未來，如何面對台灣的新時代和社會，並建立新的知識典範與社群，將是 NATSA 不同學術世代的共同課題。[12]

[11] 見本書第 10 章，許菁芳，涂豐恩，鄭肇祺，〈行動公民、網路世代與台灣研究的未來〉。

[12] 見本書第 7 章，李宜澤〈遠距溝通下的革命情感—NATSA 學術語言的世代差異〉。

參考文獻

Fix, Douglas（費德廉），1992，"North American Memories of Taiwan: A Retrospective of U.S. Research on the History of Taiwan," 收入台大歷史系編，《民國以來國史研究的回顧與展望論文集》。台北：國立台灣大學，頁 1355-1396。

翁仕杰、林繼文、黃崇憲、潘美玲、林子倫，〈一個帶有「運動」精神的研討會——NATSA 的成長軌跡〉，台灣研究基金會網址：http://www.trfund.tw/front/bin/ptdetail.phtml?Part=data_1_04，取用日期 2016 年 3 月 25 日

莊英章編，1988，《台灣平埔族研究書目彙編》，台北：中央研究院。

許維德，1999，〈簡介北美洲台灣研究論文年會：兼論台灣研究在美國的發展〉，《台灣史料研究》14：189-200。

張隆志，2009，〈當代台灣史學史論綱〉，《台灣史研究》16(4)：161-184。

張隆志，2010，〈拾貝於婆娑洋畔、美麗島間：一個學院台灣史研究者的觀察札記〉，《思想》16 台灣史：焦慮與自信專輯：101-120。

黃崇憲，2012，〈夢想共和國的反挫：1980 年代的個人備忘錄〉，《思想》22 走過八十年代專輯：179-196。

Allee, Mark A.,1994, *Law and Local Society in Late Imperial China: Northern Taiwan in the Nineteenth Century*. Stanford, CA: Stanford

University Press.

Campbell, William, 1903, *Formosa Under the Dutch*. Ann Arbor, MI: University of Michigan Books.

Davidson, James, 1903, *The Island of Formosa*. London and New York: Macmillan &Co.

Lai, Tse-Han, Ramon H. Myers, and Wei Wou, 1991, *A Tragic Beginning: The Taiwan Uprising of February 28, 1947*. Stanford, CA: Stanford University Press.

Lo, Ming-Cheng, 2002, *Doctors within Borders: Profession, Ethnicity, and Modernity in Colonial Taiwan*. Berkeley, CA: University of California Press.

Rubinstein, Murray A. ed., 1999, *Taiwan: a New history*. New York and London: M. E. Sharpe.

Shepherd, John Robert, 1993, *Statecraft and Political Economy on the Taiwan Frontier, 1600-1800*. Stanford, CA: Stanford University Press.

Teng, Emma Jinhua, 2006, *Taiwan's Imagined Geography: Chinese Colonial Travel Writing and Pictures, 1683-1895*. Boston, MA: Harvard University Press.

第4章

反抗國家、重構社會到積極自省

北美台灣研究學會論文主題的考察（1995-2014）

林子倫
國立台灣大學政治學系副教授
NATSA 2000 第6屆會長

江俊宜
國立台灣大學政治學系博士候選人

一、前言

時逢北美台灣研究學會（NATSA）跨過二十年（1995-2014），本文作者回憶NATSA之緣起，感觸良多，在黃煌雄先生鼓勵及協助下，勉力組織起台灣研究在北美學院當中的小空間，光陰數載，也從留美學生分享研究的旨趣的活動，在二十年間持續舉辦不綴，不但規模穩定擴大，且投稿的總篇數也累積到千篇之譜。無論就成立意義、規模與學術的意涵而論，自深具分析之價值。

此外，參與者的生涯變遷，同樣有可觀之處，且具有現實與倫理的意義（詳見他篇），早期的深度參與者，已從當年仰望學術高牆的留學生，今多已跨入親執教鞭，身責知識傳佈任務，並多於學校、研究機構等單位小有所成，此開枝散葉的學術遞轉之圖，更是參與者親身見證歷史，理當留下記錄。

本文感性上從當年參與NATSA的情懷出發，並設定兩個任務，首要為綜觀二十年NATSA論文內容的趨勢，賦予初步的解釋與詮釋；同時對所有於NATSA的論文建檔，進行經驗性的整理、歸納、編碼與解析工作。這兩項任務相互補充，且同時具有累積且不可分割的重要性。

在考察NATSA的作品後，初步歸納三個NATSA作品共同具有的縱貫性特色——「現實性關懷」、「跨領域」的企圖，以及「反思性」的特質，此外還有三個文獻特性的變化，包括作者、發表人與機構的變遷。以上「三加一」的架構，說明以五年為分期段落的旨趣所在。

首先討論「現實性關懷」。NATSA 的成立正逢「台灣研究」初期風起雲湧，作者強烈的現實關懷，更能看到許多作品初展台灣研究的鴻圖野心。他們不滿足於描述現實，或是對既有研究出版的回顧，更重要的是以作者各自的專業進行回顧與前瞻。這些作品的出版，多少呈現了台灣人興奮卻又不安的心情：「我們做了什麼？這些事的意義是什麼？我們做得好嗎？我們所為對現實有什麼改變？」在後續四個不同的分期當中，也以不同的方式映照出對「台灣現實問題」的關懷。

這些嶄新的作品也展示了積極面——台灣研究的穩定與野心。在前幾個世代努力累積台灣研究成果，在 1990 年代諸多劃時代的政治與社會變局之中，終於撼動了舊的知識分類界線，替既有領域劃上虛線，建構了台灣研究當中具「跨越」特性的主調。這些在舊知識領域當中，被強硬分到各個學門的主題，終於在社會需求與知識野心結合下擴展開來，如性別、勞動、社會運動、認同、移民和環境……等。這些現實議題一方面提供了大量的觀察資源，另一方面台灣社會也需要以新的視角來解剖這些主題。更詳細地說，一個直觀的外緣動態是，這些問題在社會劇烈改變過程中，過去被壓抑的衝突更凸顯，隱沒的議程更浮現，更重要的是，NATSA 的研究者們將這些凸顯的主題，帶到他們所處的北美異地，在學院求學過程中深化成為自己的深刻關懷，並在回到台灣後成為該領域最先進的奠基者、耕耘者。

「反思性」則說明所有台灣研究不斷叩問的本體論問題，什麼角度是恰當的「凝視台灣」？總體而言，本文認為 NATSA 的作品在各種廣泛無邊際、包羅萬象的學科領域中，對台灣進行的凝視，也許更努力在集體協作當中，解答一個更嚴肅的倫理提問：「台灣研究的存在意義」。面對這樣的倫理問題，本文不意圖申論嶄新的「關於台灣研究的倫理學論綱」，反倒是要說明，北美台灣之於台灣研究，我們看到了哪些路標，處在當下的我們，又能往哪個方向眺望前行，構成本文對 NATSA 作品「反思性」的分析。

二、在北美解剖國家、反抗國家：民主轉型的遺緒（1995-1999）

台灣在 20 世紀末第三波民主化的風潮下，於 1980 年代末成為潮流中的一員，然而社會場域的能量滿盈，更早於解嚴之前，展示並衝擊不斷發生於社會各場域中。此種對抗的關係，不僅反映在政治運動場域上，更反映在各種社會、經濟、文化面向上，焦點則是針對長期壓抑任何反對力量的國民黨國家。在本文考察的 NATSA 研究作品分期當中，特別成為第一個時期

（1995-1999）的作品特色，它們多是直接反應該時期所承繼的政治、社會上的對抗關係，並成為多樣來源的筆觸，勾勒出多重交錯的力量圖像。

環繞著解嚴這個大轉型時點，這個時期台灣研究的作品，亦發展出許多重要的領域與成果，僅待舊體制崩解之日得以釋放；社會現實如此，研究的領域亦然。本文關照的 NATSA 作品之中，可以見到一個特殊現象，主要的議題環繞著民主化背後的時空脈絡，以學科為別，進行對反於「國家機器」的相關論述與詮釋。而 NATSA 屬於初建立時期，泰半作者是身處北美的研究生，遠觀台灣激烈變動之景，藉負籍習得知識利器，分析現實，寓向未來。[1]

（一）「現實性」：解剖國家、反抗國家的必要性

台灣研究的實踐需求，主要是針對台灣的「穩定與變遷」這樣的分類架構來出發，並且在民主化前後達到議題集中性的高峰。因此，我們必須探究導致變遷的主要驅動者——國家機器統治動態。若我們回顧台灣歷史，在經歷長期現代化、民主化的過程中，國家占有非常重要的角色。無論是清帝國、日本殖民統治到國民黨的威權與民主轉型。

[1] 關於作者與作品的趨勢表，詳見附錄 4-1、4-2。

NATSA 本期的研究作品當中，有極大部分的作品環繞著憲政體制（與其他政治制度）、政經制度、認同政治與族群政治、福利國家等重要的主題具體論說。「憲政體制」與「政治制度」向為政治科學領域主要的研究論題，而長期民主歷程的發展，則給予政體與制度研究者極多的案例供其分析與比較。不僅面對當代，曾經治理台灣的「歷史中的國家機器」，則為另一個環繞國家所進行的研究取向，而這些研究成果對我們所提供的反省，不只是歷史的描述而已，更必須放在「不同治理者」所推動的「不同統治技藝」的「國家－社會」關係來審視，方更能彰顯其研究意義。

（二）「跨領域」：轉型影響下的議題

在轉型的意義上，NATSA 初期的研究作品，有極大部分進一步影響現有的政治範疇與制度產出。環繞憲政體制與政治制度、政治經濟、認同、族群、福利國家等屬於轉型後的重要主題。族群的實體化與國家治理技藝中「分而治之」的統治技巧，造成族群政治，及後續的社會認同。因此，族群政治是長期台灣社會受政策影響所產出的結果，並進一步影響現有的政治範疇與制度產出。不同群體對於利益分配結果的差異與認知，這樣的結果，又成為他們伸張自身權利的場域所在。研究者以性別或族群區分來發展他們的論點。主張「性別」者，認為國家藉由性別區分的界線下，規範了個人角色與群體的行為規範。

處在發展中國家的情境中，國家與經濟發展的關聯一直是核心主題。首先，政經發展與國家選定的經貿策略，建構了社會內部的產業結構，並規範產業間的關係，也限制了產業與政策擬定者之間的關連。再者，國家對於不同群體的政策，除了關係到霸權意識形態如何看待「國家—社會」關係的層面，進一步而言，不同群體對利益分配結果的差異與認知，又成為他們伸張自身權利的場域所在。

福利國家則屬於「命運共同體」意識形態的制度化，國家如何調節分配結果，並塑造共同分擔的機制，則是台灣福利制度發展過程中，必須細究的制度主題。此外，體制並非自然生成或貿然移植，因此，鑲嵌於社會力擴張與生產力提高的脈絡，則是思索社會政策時不可忽略的視角。

（三）開啟「反思性」、求索正當性：基進政治與原住民

為了統治目的，原住民自然發展的語言與文化被民族國家整併，官方語言與官方意識形態從此成為重要的載體，常民的每日生活也必須以此為基礎，進行其日常生活的實踐。無論其所為的是無涉國家的文化傳遞，或是與權力的集中裝盛者——國家與政府——進行協商或反抗。因此，語言政治、文化政治

的現象，必須在公民社會與國家之間的辯證關係下，才得以彰顯其「政治」的意義。若把「載體」的意義加以闡釋，即語言文化並非被建構後就獨立存在，它們同時是戰與和的目的，也就是對既有利益分配的反映或反抗；也是戰與和所必須的重要手段，也就是語言或文化工具對群體的力量。

教育為國家型塑良善公民的另一個重要機制，但就批判教育社會學的觀點而言，國家所預設的「良善」，亦會因為政體本身的統治技藝、意識形態及施行方式的緣故，受到批判與質疑。台灣的教育改革風潮，促發了許多NATSA研究者對教育內涵、方式的思考，即可延續這樣的理路來理解。

文化的另一個面向，則是受到國家有限自主性的政治經濟領域。文化領域展現其相對自主性，在自由化、全球化的風潮助力下，又逢台灣長期累積的社會力湧現，原本受壓抑的、混沌的、單一的舊認同失去正當性，市場上的消費者可以購買更多的感知與價值商品，「文化與消費」的議題隨之浮上檯面。

國家對於不同群體的政策，除了關係到霸權意識形態如何看待「國家—社會」關係的層面，進一步而言，不同群體對於利益分配結果的差異與認知，這樣的結果，又成為他們伸張自身權利的場域所在。研究者以性別或族群區分來發展他們的論點。主張「族群相區分」（尤其是以原住民身分為主）者，認定群體成員的身分，決定了他們在政經結構中的定位與利益。

三、在北美累積茁壯：從國家社會關係到社會整體的關照（2000-2005）

步入千禧年之後，NATSA會議論文主題呈現出「社會轉向」趨向，它承繼了民主化後社會力浮現的現實，以及變化所造成的大量、快速的衝擊，這樣的變化同時影響學術研究領域。[2]因此，雖然各個學科有其訓練、方法論與理論取向之差異，但是社會轉變的現實，卻迫使研究者必須向前，他們必須面對一組重要的疑問：如何對「轉向」進行理解與詮釋？延續前一期研究者的熱情，這個時期的作者來源國與主題，開始有了些微的改變，來自台灣的研究生逐漸增加，而關於台灣歷史、教育的研究作品，也在其中占有穩定的比例。[3]

（一）現實性：轉向關注「後轉型」議題

在台灣走向民主化的歷程之中，幾乎全整地仿效了以個體權利、憲政主義、財產權利保障與人身自由出發的西方傳統民主型態，這樣的體制建構了公民參與政治的方式，並落實於每

[2] NATSA 2000之主題圓桌論壇，邀請台灣、日本、美國重要學者，回顧並展望台灣研究的發展，包括蕭新煌教授（中央研究院）、若林正丈（東京大學）、Robert Marsh（布朗大學），以及William Kirby（哈佛大學）。

[3] 詳見附錄4-3、4-4。

日的政治現象當中。無論將選舉視為社會結果或社會現象之因，亦無論評價為多元或亂象，選舉活動在台灣的當代生活中占有非常重要的部分。尤其在民主化之後，民間廣泛政治參與所呈現的生命力得以大幅釋放。就此現象而言，台灣選舉的相關研究、詮釋，正如台灣社會對民主生活的關注一般，向為學術社群當中饒負趣味所在。並且，在長期的科學化、制度化作用下（如台灣大學東亞民主化研究中心、政治大學選舉研究中心、TEDS 調查），產生極為豐碩的成果。選舉的結果與分析、詮釋，為台灣領域之民主研究中，非常重要的知識生產地。

進一步而論，西方的憲政民主體制行之有年，亦產生大量來自不同思想資源、方法的批判反省，諸般深厚資產對台灣研究有相當深重的影響。這些回顧與批判包括國際因素的影響，正因台灣處於地理上與政治權力體系的夾縫當中，尤其是美國、中國、日本、韓國乃至於區域統合體系的出現，以台灣為念者必須以此基礎深思自存之道；理論對參與、個體、憲政體制的批判與反思；產業結構的現狀與轉型；基礎建設的推展；民主漫長歷程的回顧，與比較觀點的政治經濟學分析；區域性參與及中央－地方關係；由反抗到重新審視的認同內涵與認同界線；性別對民主參與的影響與反省；司法權對社會規範的型塑力量；民主鞏固與公民社會的關係，及環境政治的議題。

上述紛雜多元的學科、方法論、認識論體系對民主生活的反省，除了再次伸張民主化於台灣歷史的重要地位外，也反映出民主化對社會整體變動造成的影響，它並不提供台灣人民良善生活的終點，而歷史化的回顧更刺激我們重新評價民主化，並慎思台灣政治、社會乃至於經濟、文化眾面向的革新空間。

（二）跨領域

民主化轉變對社會所產生的主要影響，已於前文當中分類明晰其主要意義一社會力的爆發與湧現，自由的力量從政治外溢到社會多個領域。該如何從既有台灣社會去理解和詮釋此現象，提供了相當的挑戰。而台灣研究者必須面對這樣的變革。除對既有成果的創造性批判，更必須對當前的社會狀況縝密分析，並對「問題」指出解決之道。

西方晚近多元文化主義的核心課題是提出群體權利，呈現在台灣的具體現實，即是原住民議題的實踐。台灣的原住民運動發於民主化之前，當時主要針對的議題，是原住民在台灣社會的政經不利結構；而在民主化的風潮後，原住民議題必須進一步思考。西方民主所界定的個人權利理論，在多元文化理論的挑戰下，開始導向「群體權」與「文化權」的新方向。這樣的理論資源在台灣脈絡中，首先要面對一個必然的衝突；原住民傳統生活哲學與當代民主體制、資本主義體制之間的因應之道。此外，除了文化商品化與傳統流失的現實外，也必須面對與民族國家之間的折衝，以及資本主義社會中的生存問題。

就廣義的群體權利而言，族群政治、族群研究的主題也必須納入其中。由於民主化後的權利意識昂揚，原本資源分配的優／劣勢，交錯於長期而多樣的族群歷史與現實中。而族群之間複雜的權力／受迫的具體圖像，更必須在實證性的、歷史性的研究當中才能揭露，並進一步在理論、現實的層次尋求實象。

另一個主要的社會議題是性別。環繞父權體制所建構的現代生活，細密地滲透到社會的任何一個角落，立基於此的權利區別則為女性主義主要所批判的對象。回顧性別的具體脈絡而言，則是早發於民主化運動之前的女權運動。自由主義的女性主義運動，對於延續華人文化傳統的台灣社會，具體地批判該文化質素對女性的壓抑，其內涵包括母職、身體權利、自主權利的壓抑等等。在民主化之後，部分的性別研究延續這樣的自由女性主義基於「權利」之傳統，或性別對社會影響現況理解。民主轉型之後的全面解放風潮，則將觸角更深入基進的理論走向，對根基於個體權利、財產權的自由女性主義的批判與反思，除了展現在對「規訓身體」與「多種性別區分」的深層批判之外，也對於「性別」與其他「不利狀況」結合的現實，如「性別與階級」、「性別與種族、國籍」的情況，提出深刻的反省。

除此之外，「階級」問題也是長久以來社會科學思考的核心主題。以 NATSA 的論文主題而言，有極大一部分著眼在「階級」影響下的集體行動—勞工運動、勞動研究，對反於前一期的「國家—社會」關係，轉換到勞工本身所在的社會處境。勞動者如何在新自由主義浪潮下顛簸求生。

從性別、階級等集體行動成果之中，我們可以窺見社會如何從威權的擠壓、一元化的型態，藉由國家集中權力的舒緩與社會力量的釋放，造成了過去未見的議題、分類、價值之出現。新的、多種的群體與倫理標準的分類，賦予不同群體發聲的空間，而民主化在這樣「社會異質實體化」的過程中，扮演了構成性之力量。換言之，從單向「反抗」到多向「連結」的權力互動圖像，為吾人思考社會運動議題時必須重視的概念。

以概念層次而論，「變遷與穩定」的概念建構了我們對「既有現實」的詮釋與思考，而以此社會科學基礎概念出發的反身性思考，再加上「台灣研究」這個變項，如此思之辯之交錯而成的作品，刺激我們對於現實與知識互動性的架構，進行更深刻的回顧與前瞻。

（三）反思性：在資本主義與全球化下，重新思考民主轉型及藝術作品提供的另翼反思性

台灣既有的文化現象，在這個時期的作品之中，必須將內外的變項皆納入思考。——台灣之內的民主化；資本力量的全球化。關於台灣文學、戲劇研究的課題，民主化之後最大的影響，則是將焦點拉回「在地性」的問題，隨著民主化的整體開放，以及國內的台灣研究機構制度化，使「台灣研究」的知識

與原始材料的產出能夠更有系統化。另外一方面，前一節所述的社會景況，促使研究者去探索「台灣研究」的處女地，這樣的回歸取向，除了將過去被忽略的作品呈現出來，更是賦予台灣文史、藝術研究的深度所在。後殖民主義與相關之當代思潮，在當代理論界已成為重要的思想資源，而 NATSA 學人當中，於此時段當中影響到殖民時期歷史的重新挖掘，以及台灣歷史、文學的思索，尤其是對日治時代的殖民統治、歷史遺產、文學敘事以及政經分析的領域當中。傳統的歷史、文學研究在這個時段中已產生基礎的轉向，其思維路徑有二，首先，研究者繼受西方理論發展進程的成果，並以此精鍊其論點。再者，以批判性理論之本體論為出發點，挖掘作者與當代作品的嶄新詮釋。

這股風潮對新一代的研究者有何影響？他們受益於結構主義、後結構主義乃至於後殖民主義理論的基礎，挖掘出「權力」這個被埋藏的變項，形成一種多層次的研究。論者必須針對文本的所在脈絡，進行限於歷史情境的解讀。再進一步而論，以當前的基進理論所蘊含的批判性，在理論共存的宇宙中，伸張了「共時性」的理論存在意義。簡言之，除了鎖定在文本所生產的年代，思考其結構的局限之外，必須進行「詮釋者」與詮釋者所在的「當代」之間的對話。從這樣的結構之中，歷史文獻與創作文本的解讀同時是「限於時代」又是「超越時代」的。

時間的軸線上如此，地域上的局限也被全球化風潮所突破。在台灣的在地意義之中，跨文化的、多文化的交織已經成為重要的現象，亦是重要的研究標的。深究而論，以政治經濟的角度回溯至全球化的原初動力——商品與消費的全球化，則成為另一個與全球化力量產生辯證關係的重要主題。資本體系之力量不僅滲透到現代生活之中，更廣泛地影響我們舉目所及之景致，而受到資本力量所型塑的都市地景，亦成為研究者重要的「文本」，提供知識生產的沃土。

四、跨越與解／重構社會：重新編織台灣（2006-2010）

NATSA 的論文在後續研究之中，「跨」的趨勢持續上升，包括跨領域的整合與討論，以及跨地域的競爭與互動。這些嶄新的作品，不只關照學科既有發展的面向，更進一步企圖以多重的角度考察具體的變化，諸類的改變，顛覆了既有的學科區分與地域界線，更產生一些有學術意義的火花。

另一個重要的面向則是解構與重構的現象。研究者投入更基礎的社會面向，對於更細微的現象、更基礎的主題進行深究，從他們的研究作品之中，可見到對既有的體制與區分進行批判，亦可從其作品中見到其對於嶄新社會組成的想望。這不僅反映台灣研究受到各個學科關注的事實，更進一步而言，更呈現了學術思潮逐步地影響研究者理解社會的方式，也表現出一種具有實踐意涵的研究意義。特別值得一提的是，來自台灣的研究生，以及就讀台灣文史研究所的學人，在這個時期呈現穩定的成長。[4]本文試圖將本時期作品區分為幾類：一、承繼既有學科領域的主題：政治、經濟、社會研究；二、文化的質地：文學、藝術研究與文化研究；三、全球化下的資本、商業、消費；四、跨地域主題研究；五、跨學科研究。

（一）現實性：全球化、體制反省、轉型正義

對比臺灣內部的激烈轉變、政黨輪替發展，以及社會結構在全球資本體系下的快速變遷，以及新興中國政經霸權的崛起，此時段的台灣研究務必要放在這樣的內外因素的脈絡下來思考。對於憲政制度與政治體制而言，台灣的轉型是否為一種形式民主的仿效；亦或台灣內部在「後物質主義」的影響下，跨越了資產階級民主的階段，對西方的民主與資本主義典範所提出的目的論、現代性的反省。在此意義中的憲政體制、政治制度研究，到政府權力體系的重新檢驗，其實都是在回應台灣「個案化」與西方民主「普世化」的理論性問題。除了現狀的評估與反思之外，歷史發展進程中的不正義，也是學人不可忽略的問題，無論是以普世的概念加以反省，或回到情境脈絡予以「再

[4] 詳見附錄4-3、4-4。

現」，都回應前兩個時期的研究中對歷史的看法。正如義大利史學家克羅齊所言「所有的歷史都是當代的歷史」。在客觀條件上，解禁的議題舒張了社會的內部矛盾，然而「記憶與再現」和「轉型正義」的議題，對當前與未來形成怎麼樣的影響，是我們回顧「記憶」、「歷史」與「認同」必須念及的主題。

就外部脈絡而言，中國崛起的議題實為台灣研究者無法忽略的課題。中國在國際社會廣泛的政經影響力不容待言，更深一層的問題，則是區域化整合的趨勢，台灣如何在此環境下，對政治經濟體制重新思考，並且顧慮台灣未來產業走向，以及國家在世界體系當中的定位。

（二）跨領域

首先是「跨地域」。跨越地域的主題為該時段一個重要的發展。雖然先前的研究已在全球化的意義上，探究跨地域群體的社經地位與生活景況。這個時段當中，「跨地域的群體」相關議題，沛然成其獨立性。此領域的興起，反映了學術作品「延遲」的現象，這些案例唯有跨過了「少數」、「例外」成為廣泛的現實之後，研究者才能察覺「跨界域者」存在的輪廓，在這樣的狀態下，真正廣泛而有意義的反省才能出現。跨地域團體研究的主題，除了反省現有的政經界線在分析上的局限，也顯示在快速流動的現實下，變遷的、複雜的社會樣貌，衝擊著現有的體制、思考、認同，對於研究者更是如此。

另一個關於「跨」的主題，則是跨學科領域的發展與制度化，如科技與社會（STS）、醫療與社會。彷彿歷史循環論一般，在單一學科的專業發展下，學科典範對於內部成員的支配力逐漸喪失。正因為學術的深刻化與反省，取徑「典範的他者」之方式，為原來的體制提供重要的反省資源，這樣的歷程也使整合的需求再度出現。因為深究問題的複雜程度，單一學科體制尚不能達到全面理解與詮釋，這對於現有的理論體系而言，同時產生了知識上與倫理上的衝擊，因此廣見於學院中的「學科整合」，即是面臨此情況的體制性回應。跨學科的研究在台灣研究中，主要是以「科學與社會」為主軸，對傳統人文與科學的分裂，進行分析與知識上的整合、反省。

（三）「台灣與文化經濟」：重估台灣文化、商品、大眾化與批判

文學、文化、藝術與相關研究的相關論文，在本時期當中，作品數量上有明顯提高。顯示對台灣創作的分析，除了量的提升外，在學科建制與主題上，文學研究的相關論文，在這個時期開始有穩定的成長。[5]

---

[5] 詳參附錄4-1，呈現文學領域的論文有穩定發表篇數比例的現象。

對於這個主題在NATSA之興起，本文提供兩個可能的脈絡性解釋。首先，關於「台灣」象徵的詮釋鬥爭，文學領域的角色在於，在國內的消費市場爭取歡迎之外，學科體制也必須與此現象對話，使得文學領域的論文作者，在這個時期扮演重要的詮釋角色。第二，在前兩個時期的累積下，國內關於台灣文學與技術的研究與創作，開啟了追尋意義與累積的任務，「比較研究」的觀點在此脈絡下，給予NATSA研究者更深刻的使命，唯有藉著更深度與更多的詮釋，才能凸顯台灣作品內在的獨特性，也才能得到深化擴展論述場域的機會。

附帶一提的是，在此同時，「大眾」的意義，在這樣深度賞析的作品當中，也得到更具有反思意義的詮釋，因為市場的機制雖然將大眾文化廣泛地散佈於生活之中，但是這樣的過程，同時讓「高級文化」（high culture）擁有廣泛的可及性。除此之外，新興的美學理論亦將「大眾文化」所蘊含的批判性與潛能予以開展。文化政治及語言政治的相關主題，在此路徑上也出現嶄新的意義，它們不僅止於反抗、呈現及回應環境，新的美學標準也成為理論的工具，使前兩個時前反抗的場域的設定顯得更為寬廣。

關於文化研究的主題，在西方學院體制當中已有數十年的歷史，若回顧到20世紀中葉的批判理論、法蘭克福學派等發展，更有半個世紀的光景。而當前對於NATSA論文當中，與台灣相關的文化研究作品，必須同時在兩個重要的理論脈絡，方能理解其中一貫的特色，分別是：一、馬克斯主義傳統對於商品及資本主義經濟的批判；二、延續馬克斯主義的批判，並轉向上層結構的批判與詮釋，這個脈絡一部分繼承了現代性的傳統，另一個部分則對於現代性的單一敘事、傳統美學的反省。而這樣的文化研究系譜，對於台灣研究中的「文化研究」作品，又有什麼樣的意義？首先，新自由主義的全球經濟力量，使台灣必須在體制上做出調節，進而產生新的「得利者」與「不利者」。再者，全球性的商品能藉由台灣在地的生產節約成本，進而達成全球性的文化帝國主義現象；而全球化背後的基礎建設—網際網路，則提供了新的文化載體，賦予實踐與生活的不同可能。

五、台灣研究再省（2011-2014）

中國在改革開放後國力大興，北美學界對東亞區域的研究興趣，也從上個世紀東亞的經濟奇蹟與民主成就，逐漸轉移到改革開放後的中國。相應地，參與者「從北美轉向台灣」的趨向開始出現，就讀台灣文史科系的研究者，在NATSA參與的組成當中開始增加，然而觀諸北美學院的研究脈絡，台灣研究受注目的程度，自比起前一期更為沉寂。受到外在現實環境風潮的衝擊，對「台灣研究」這個高度實踐傾向、強調回應性的區域研究領域而言，需從喧嘩轉入沉靜之中，進行自我批判與反思，並從建構的理論基礎、知識的累積分量以及未來的走向等幾個方向，重新思考NATSA與台灣研究意義，年輕研究生與知識、與現勢之間的辯證，甚對「台灣研究」領域進行具前沿性的反身思考，恐為NATSA在此一時期最急迫的任務。

NATSA從2011年到2014年的作品，同樣能從三個特性與發表資訊的架構來回顧，從看待中國崛起的眾多觀點，到國內政府濫權的爭議，以及深掘台灣歷史，標示未被深究的權力結構與轉型正義議題，藉本文的整理與分析，筆者將嘗試從內在了解NATSA研究主題所呈現的內涵，解釋這個時期NATSA的作品有何不同，以便深刻了解台灣研究面臨的困境與轉機。

（一）現實性：研究主題重新與現實緊密交織，中國因素、政府濫權與民間對政府濫權的動員

中國霸權新興的姿態，世界無一不為之震動，我們認為，NATSA的論文主題，受此風潮吹動，並影響後續的兩個重要啟示，以及兩種研究取徑。

第一種是比較政治、國際關係與公共政策等典型政治科學的框架，用以分析中國、其他國家與台灣之間的關係；或是台灣受到中國國力衝擊下，台灣對外國的一般性看法。第二種是對當前台灣政治濫權爭議的分析，無法停留在目的論式的、不可逆的民主化架構，必須從不同部門民主化的程度來比較，並

回到根本的法理學與憲法領域，才有足夠反思的思想資源。

特別值得一提的是，法學的相關研究在此時段異軍突起[6]，數量與比例上比之前的三個時段多。論及主題與內容的歸納，有一端偏向理論層次，部分為純法學的作品，有討論憲法與憲政原則、憲法下總統權力的比較；經驗的部分則觸及大法官與司法政治等國內高度關注的領域，如行政部門濫權、法學研究跨領域的應用、香港與台灣人權狀態比較等議題。

馬英九當局的人權爭議，除了引發北美台灣研究學會另一波法政途徑的研究興趣之外，台灣國內社會運動再次風起雲湧之姿，自然也成為注目焦點。多元的社會運動、環境運動、媒體改革運動、經濟民族主義不約而同引發研究者的興趣，而運動組織此一歷久不衰的研究議題，也有相當的注目。

（二）跨領域：學科史、醫療史、法學與其他領域結合、性別、數位保存（2013）

相比於早期坐落於傳統學科建制當中，我們只能觀察到議題的跨領域性；然而，在學科分殊逐漸細緻化、建制化的同時，吸收最前沿思維的留學生與研究生們，便在 NATSA 當中分享所學。學科本身的發展史研究，本是繼往開來的重要議程，在

---

[6] 詳見表 4-1、4-2。

NATSA 當中自然不會缺席。台灣社會科學發展的回顧，本符合台灣研究從走向世界到面對自我，具有實踐力的初衷。醫療史的主題同樣在跨領域的特性中，占有不可缺席的位置，特別是「科技與社會」學程與課程在台灣的漸趨穩定，使醫學史限定於醫科與歷史這兩個極端之間的單軸光譜，在科學史與知識社會學的介入之後，打開了醫學史研究的空間。

過去處於多學科之間的跨領域議題，在此段時期的研究，也有復興的趨勢。移民、認同、認同政治、批判程度不一的性別研究、特定宗教文化在台灣社會的互動、跨域治理等等。民族主義相關主題也中國崛起現勢的推促之下，重新回頭去定位民族主義意識形態的當前狀況。

肇因數位科技的不斷進步，作者認為特別值得一談的，還有數位資源保存這個主題。值得討論的重點，除了「跨領域」的特色之外，資訊的保存與取用，也關係到公共資源、研究應用與開放資料等主題，也重新回到行政與公民、公共資源、內容的爭議性等議題。此外，藝術與電影研究則走向高度分殊化與專業化的狀態。

（三）反思性、挖掘歷史、走入歷史：殖民史、白色恐怖、轉型正義

台灣在重層殖民的經驗，當與西方後殖民主義之間對話，

且產生了許多同時具有雙重意義的經典作品，一面是殖民理論思考性，以及另一面非西方實證意義的對話，亦同時在台灣史、法律史、社會科學等場域當中，台灣與國際之間，業已出版許多經典性的作品，呈現出發展自我詮釋視角，用於解釋台灣發展路徑的共同努力。而 NATSA 研究台灣殖民時期歷史的作品當中，分別對殖民與教育、殖民與族群政治、二戰與記憶、 殖民與空間 、反思中國文化、帝國交界、殖民文化影響。

國民黨來台後的研究則可分作另一大部，作者認為此類對國民黨統治時期的反省，皆可以看作上一個時期「台灣文史學科崛起」、「基進化」與「制度化」三者巧妙的融合，這些研究生到了北美，也在受到新知識刺激的情境下，延續實際社會的關懷，並產生新的作品。我們只要簡單歸納此類對當前政治性質，具有高度反思性的內容，就可得知這些議題的關注，在台灣內部逐漸沉潛而成為穩定的社會議題；北美台灣研究則以學院與實踐融合的精神，持續挖掘這些重要的主題。如轉型正義、白色恐怖與文學、政治受難、戰爭記憶與文學、冷戰架構與文學等等。

六、結語

本文完整地回顧自 1995 年至 2014 年以來 NATSA 發表之

研究論文主題，可從中發現數個重要的走向：首先，約以五年為界的方式，區分成四個時段，我們可以發現每一時段論文的特殊性。第一階段大多環繞與國家相關的議題；第二階段則逐漸轉向國家與社會關係，與社會整體的理解與詮釋；第三時期則專注於社會的多面向；第四個時期回應中國崛起、民間社會洶湧、正當性重塑，並開始深入反省台灣研究。再者，就本文的局限當中，提出下一步的可能反省與深化。本文將研究單位局限於 NATSA 會議論文，並以此推論北美台灣研究的總體狀況，尚有值得反省之處。本文簡單就內部與外部的可能質疑，提出有限性的辯解與未來展望。就內部而言，NATSA 作為一個台灣研究的重要組織，其本身與整體台灣研究之間的關連必須被清楚闡釋，如此才能指明內部成員的異質性，以及組織本身的沿革脈絡兩者對「整體」的關連，而 NATSA 本身容否忽略了一部分「未被發展」的台灣研究領域，是內部性當中值得深思的問題。除此之外，在外部環境而論，北美作為生產大量台灣研究的知識場域而言，是否與現勢脈絡之間有所關連，是探討「台灣研究」這個領域下一步必須深思的知識社會學問題。最終也是最核心的問題，是「從台灣研究到影響台灣」這個知識與倫理的問題，更是有志於台灣研究，乃至於關心、批判台灣研究狀況之學人，必須反覆思考的辯證主題。

附錄 4-1　逐年作品領域分類統計

學科＼年度	1995	1996	1997	1998	1999	2000	2001	2002
文學	2	2	3	2	4	2	3	2
社會學	2	2	6	2	1	7	13	9
政治科學	5	4	5	2	5	7	5	2
法學	0	0	1	0	1	1	2	1
人類學	1	1	2	1	0	3	4	2
教育學	0	2	2	1	2	4	5	5
區域研究	0	0	0	0	0	0	0	0
歷史	3	0	1	2	3	4	6	5
公共管理	1	2	4	2	0	5	4	3
國際關係	2	6	1	2	2	2	2	2
大眾傳播	0	0	0	0	5	2	0	2
台灣研究	0	1	2	1	0	3	0	2
電影研究	1	2	2	0	0	1	1	1
經濟學	0	1	0	0	1	3	2	3
社會管理（社工、社會福利、福利國家）	1	2	4	0	1	2	1	0
地理學	0	0	0	0	0	0	2	1
I.T. 其他理工科	0	0	0	0	0	0	0	0
語言學	0	0	3	1	2	4	3	3
社會科學	0	0	2	0	1	0	0	1
劇場	0	0	0	1	0	1	0	2
都市規劃	0	1	1	2	4	5	1	1
其他	0	0	1	0	0	1	1	2
未知（不明）	0	0	0	0	0	0	0	0

2003	2004	2005	2006	2007	2008	2009	2010	2011	2012	2013	2014	總和
1	5	1	10	1	5	8	3	3	1	7	6	71
1	11	0	0	2	4	1	1	3	0	4	2	71
4	6	0	5	1	4	5	4	3	6	3	6	82
1	5	5	1	7	5	5	3	1	1	1	8	49
3	9	1	4	1	2	4	3	3	2	1	3	50
2	14	4	7	0	4	3	4	2	0	0	3	64
0	0	7	0	1	1	0	1	0	0	1	1	12
4	11	3	1	4	3	2	5	8	3	5	6	79
8	10	3	0	1	2	3	1	5	1	0	1	56
0	0	1	1	5	1	2	11	2	2	2	3	49
1	4	0	5	2	1	3	1	2	0	1	1	30
1	4	0	0	0	0	0	0	0	0	0	0	14
0	2	2	2	0	0	5	1	0	1	4	2	27
1	5	0	1	1	0	0	1	0	0	0	1	20
2	4	0	0	0	0	2	0	3	1	0	1	24
0	2	0	0	0	0	0	0	1	1	0	0	7
0	0	0	0	0	1	0	0	0	0	0	0	1
2	4	1	1	0	1	1	1	1	0	0	2	30
0	1	0	0	0	0	2	0	0	1	2	1	11
0	0	0	1	0	2	0	0	1	2	0	0	10
5	6	4	1	0	0	1	0	0	1	0	0	33
3	7	0	8	4	2	0	4	0	5	3	1	42
0	0	0	0	0	0	0	0	0	0	0	1	1

接前頁附錄 4-1

學科＼年度	1995	1996	1997	1998	1999	2000	2001	2002
宗教	2	1	2	0	3	3	2	1
性別	2	2	1	3	2	11	5	1
勞動	0	1	0	1	0	1	1	0
社會運動、動員	3	0	2	3	2	3	2	0
種族、族群	0	1	3	1	3	4	5	0
民族主義	2	0	4	5	3	2	1	1
認同	0	1	5	6	2	5	3	2
產業	2	1	0	4	3	2	1	0
發展	1	2	3	5	2	1	0	0
環境	1	2	2	2	1	0	3	0
心理、社會心理	0	0	0	0	0	0	1	0
移民	0	0	1	0	0	0	0	0

2003	2004	2005	2006	2007	2008	2009	2010	2011	2012	2013	2014	總和
0	3	0	0	0	0	0	0	0	0	1	1	19
4	8	3	6	4	4	4	3	1	2	2	7	75
0	0	0	2	1	1	0	1	0	2	0	0	11
3	4	0	2	0	3	1	2	0	0	2	4	36
2	9	4	9	3	4	4	2	3	2	0	0	59
2	4	0	0	0	5	1	1	1	0	0	5	37
5	10	3	4	4	0	7	4	2	4	2	5	74
3	8	6	1	0	0	0	0	0	1	0	1	33
2	2	0	0	0	0	0	0	2	1	0	1	22
0	0	3	1	0	1	2	0	0	2	3	0	23
0	2	2	0	0	0	0	0	0	0	0	0	5
0	2	0	1	4	3	3	4	4	3	2	4	31

附錄 4-2　逐年作者專業分類統計

學科＼年度	1995	1996	1997	1998	1999	2000	2001	2002
文學	2	2	6	4	4	2	3	2
社會學	7	5	14	13	11	6	15	8
政治科學	8	1	6	5	5	8	7	2
法學	0	0	2	0	1	1	1	1
人類學	0	2	3	2	2	4	4	5
教育學	0	2	2	0	2	3	4	5
區域研究	2	2	3	0	3	6	4	4
歷史	1	1	1	2	1	4	1	4
公共管理	0	0	1	1	0	3	1	1
國際關係	0	1	0	0	1	0	0	2
大眾傳播	1	0	1	0	5	3	0	2
台灣研究	0	0	0	0	0	0	0	1
電影研究	0	0	0	0	0	0	0	1
經濟學	0	2	3	1	0	1	0	0
社會管理（社工、社會福利、福利國家）	1	0	0	0	0	1	2	0
地理學	0	0	0	1	0	0	0	1
I.T. 其他理工科	0	0	0	0	0	0	1	2
語言學	0	0	1	1	1	3	2	2
社會科學	0	0	0	0	1	3	1	1
劇場	0	0	0	0	0	1	0	2
都市規劃	0	0	0	3	6	6	2	1
宗教	3	0	0	0	2	2	1	1
性別	0	1	0	0	0	0	0	0

2003	2004	2005	2006	2007	2008	2009	2010	2011	2012	2013	2014	總和
3	2	6	13	3	12	10	10	6	0	8	5	103
3	5	1	2	4	6	2	5	2	2	5	4	120
2	5	6	3	1	4	4	3	0	6	3	6	85
1	2	8	1	8	5	5	4	1	4	1	5	51
3	5	4	5	2	3	4	2	4	7	2	5	68
3	7	3	4	0	3	4	4	3	0	0	4	53
1	1	1	0	0	1	3	3	2	4	6	6	52
1	2	1	0	0	3	0	1	5	3	3	4	38
3	0	0	0	0	1	0	2	1	1	0	0	15
0	0	1	2	3	1	1	0	3	0	0	2	17
2	1	2	6	2	1	3	1	1	0	1	1	33
0	0	0	0	0	1	0	0	0	0	0	1	3
1	0	0	0	0	0	1	1	0	1	3	1	9
2	3	0	0	1	0	0	2	0	1	0	0	16
0	2	1	0	0	0	2	0	0	0	0	1	10
0	4	1	1	0	1	0	0	1	0	0	0	10
0	1	0	2	0	1	0	0	0	0	2	3	12
2	4	3	2	0	0	0	1	0	0	0	1	23
3	0	1	2	2	0	2	0	1	1	2	2	22
0	0	0	1	1	2	0	0	0	1	0	0	8
8	3	0	0	0	0	1	0	0	1	0	0	31
0	0	0	0	0	0	0	0	0	0	0	0	9
1	1	0	0	0	0	0	0	0	0	0	0	8

接前頁附錄 4-2

學科＼年度	1995	1996	1997	1998	1999	2000	2001	2002
勞動	0	0	0	0	0	0	0	0
社會運動、動員	0	0	0	0	0	0	0	0
種族、族群	0	0	0	0	0	1	1	2
民族主義	0	0	0	0	0	0	0	0
認同	0	0	0	0	0	0	0	2
產業	0	0	0	0	0	0	0	3
發展	0	0	0	0	0	0	0	0
環境	0	1	1	0	0	0	1	3
心理、社會心理	0	0	0	0	0	0	1	0
移民	0	0	0	0	0	0	0	0
其他	0	2	1	2	1	1	3	1
未知（不明）	0	0	0	0	0	0	0	0

2003	2004	2005	2006	2007	2008	2009	2010	2011	2012	2013	2014	總和
0	0	0	0	0	0	0	1	0	0	0	0	1
1	1	0	0	0	0	0	0	0	0	0	0	2
1	2	0	3	0	0	1	0	0	0	0	0	11
0	0	0	0	0	0	0	0	0	0	0	0	0
0	0	0	0	0	0	0	0	0	0	0	0	2
0	0	1	0	0	0	0	0	0	0	0	0	4
0	0	0	0	0	0	0	0	1	0	0	0	1
0	0	0	0	0	1	1	0	0	0	0	0	8
0	2	0	0	0	0	0	0	0	0	0	0	3
0	0	0	0	1	0	0	0	0	0	0	0	1
2	2	4	7	5	2	3	2	0	3	3	3	47
0	0	0	0	0	0	0	0	0	0	0	0	0

附錄 4-3　台灣文史系所參與趨勢

年度	台文研究所	台史研究所	發表文章總數	比例
1995	0	0	25	0.0%
1996	0	0	21	0.0%
1997	0	0	45	0.0%
1998	0	0	35	0.0%
1999	0	0	46	0.0%
2000	0	0	58	0.0%
2001	0	0	52	0.0%
2002	0	0	50	0.0%
2003	0	0	40	0.0%
2004	1	1	54	3.7%
2005	4	0	44	9.1%
2006	7	0	51	13.7%
2007	2	0	33	6.1%
2008	4	0	46	8.7%
2009	2	0	48	4.2%
2010	5	1	45	13.3%
2011	6	3	31	29.0%
2012	0	1	34	2.9%
2013	5	0	36	13.9%
2014	3	0	49	6.1%
總和	39	6	843	5.3%

附錄 4-4　發表作者所在區域

地區／年度	台灣	美國	加拿大	德國	法國	西班牙	荷蘭	日本	新加坡	澳洲	紐西蘭	英國	香港	南非	比利時	中國	愛爾蘭	義大利	捷克
1995	0	25	0	0	0	0	0	0	0	0	0	0	0	0	0	0	0	0	0
1996	0	20	1	0	0	0	0	0	0	0	0	0	0	0	0	0	0	0	0
1997	3	41	0	0	1	0	0	0	0	0	0	0	0	0	0	0	0	0	0
1998	5	27	0	0	1	0	0	0	0	0	0	1	1	0	0	0	0	0	0
1999	6	34	0	0	0	0	0	1	0	0	0	4	0	0	0	0	0	0	0
2000	6	29	3	0	1	0	2	2	0	1	0	13	0	1	0	0	0	0	0
2001	4	34	1	1	1	0	0	2	0	0	0	7	0	0	2	0	0	0	0
2002	8	30	0	0	1	0	0	3	0	0	0	6	0	0	0	0	0	0	0
2003	10	24	1	0	0	0	0	0	0	0	0	2	0	0	1	0	0	0	0
2004	22	22	0	2	0	0	0	2	0	0	0	5	0	0	0	1	0	0	0
2005	14	18	0	0	0	0	0	0	0	0	0	10	0	0	2	0	0	0	0
2006	25	20	0	0	0	0	0	0	0	0	0	6	0	0	0	0	0	0	0
2007	9	13	1	0	0	0	0	1	0	1	0	8	0	0	0	0	0	0	0
2008	11	21	0	0	0	0	0	0	0	1	0	7	0	0	0	0	0	1	0
2009	8	28	2	0	1	0	0	0	0	1	0	8	0	0	0	0	0	0	0
2010	26	16	0	0	2	0	1	1	0	0	0	1	0	0	0	0	0	0	0
2011	14	9	4	0	1	0	0	0	2	0	0	1	0	0	0	0	0	0	0
2012	4	25	2	1	1	0	0	0	0	0	0	1	0	0	0	0	0	0	0
2013	14	16	0	1	1	0	0	0	0	1	0	1	0	0	0	0	0	0	2
2014	15	24	1	0	1	0	0	1	0	0	0	2	0	0	0	0	2	0	1

第5章

社會運動╳學生運動╳學術運動

侯志仁

西雅圖華盛頓大學景觀建築系教授兼系主任

NATSA 2003 & 2004 第9屆與第10屆會長

一、德州奧斯汀，1998

1998 年，NATSA 來到德州大學奧斯汀分校舉行年會。當年我和一群海外的學生，在因緣際會下參加這場盛會。當時包括我在內的一群海外留學生，正相繼投入反濱南工業區、搶救黑面琵鷺的運動。由於台灣特殊的國情，來自國際的壓力遠勝於當時國內環保團體的聲音，一群海外留學生於是開始串聯國際團體，聲援國內的反濱南運動。為了討論運動事務，同時也順便招兵買馬，我們幾位散在美國各地的朋友，便相約在 NATSA 的年會聚會。NATSA 有個難得的傳統，就是補助留學生參與年會的旅費，解決了我們的財務困難。於是從奧斯汀開始，一場海外留學生投入台灣環境議題的行動蔓延開來，成立了台灣環境行動網（TEAN），許多當時的學生，包括我在內，也開始與 NATSA 結下長久的淵源。

當年的 NATSA 的與會成員多半來自政治與社會學系，有許多人更是 1990 年代台灣學運的主要分子，發表的論文也多半與當時台灣的民主化與社會運動有關。接受了多年空間設計與規劃專業訓練的我，當時在 NATSA 年會上第一次接觸到政治學與社會學的論述，當年的年會成為我一個重要的啟蒙經驗，讓我接觸到不同的語彙與理論。當年的這些接觸，對我後來的學術研究，特別是環境與空間規劃的民主化，有著深遠的影響。有了奧斯汀的經驗後，參加 NATSA 年會成了我在柏克萊博士生涯中的年度必定行程。從奧斯汀（1998）到麥迪遜（1999），再到哈佛大學（2000），我一連參與了三年的年會，並於2000年起被選入理事會，接觸學會的組織工作。這三年中，我結識了許多朋友，有了這些同儕彼此之間跨領域的理念激盪，讓我在學術訓練上成長了不少，也開拓了我在學術與專業上的視野。回想起來，可能跟很多人一樣，參與NATSA的年會，絕對是我求學期間一個重要的歷程。

二、轉型中的 NATSA

我在2001年來到西雅圖華盛頓大學（University of Washington, Seattle）景觀建築系任教。學術生涯起步階段繁重的工作，讓我短暫離開了NATSA，專心致力於教學與研究的工作。不過，隔年在芝加哥大學的年會，又把我帶回到NATSA。

相隔一年，感受到NATSA正處在一個轉型的階段。在組織上，相對於早期由少數幾位幹部（特別是會長）負擔幾乎所有的籌備工作，2001年起，整個會議的籌備開始有了比較制度性的運作，委員會的組織取代了少數的幹部。從少數的領導到集體式的組織，雖然聽起來較為健全，但轉型的過程在當時似乎並不很順暢。主要原因是委員會人數多，討論起來相當耗時與耗力，加上成員分散在北美各地，在溝通上花費了不少時間。

另外，意見的分歧也是個阻力。因此，在2002年的年會上，大會通過組織章程的修改，將原本的委員會拆成兩個功能導向的小組，分別負責年會議程（program）的規劃與行政與財務的運作，兩個小組間的協調與聯繫由會長負責。

另外，歷年來參與NATSA年會的成員也有變化。當年創會的成員陸續完成學業，不同於早年的留學生，這群以政治與社會學背景為主的成員，相繼回到台灣，在不同的領域發展，有的教書、有的從政，同時也離開了NATSA的運作。此外，許多人在這時意識到，NATSA是由留學生創立與運作的團體，為了長遠發展，還是需要不同學術生涯階段的學者參與。由於我是當時少數任教的與會成員之一，加上曾經參與NATSA的運作，於是被推選為年會議程委員會（Program Committee）的召集人。

三、羅格斯大學，2003

組織改造與功能明確化，讓2003年第9屆年會的籌備有了比較好的基礎。但好景不常，儘管小組的運作正常，對會議的主題也有了共識，但我們卻遲遲等不到當時會長的訊息。在組織的運作，會長是對外的主要窗口，特別是與台研會的聯繫，協調經費的來源。由於無法連絡到會長，以致會議的財務沒有著落。為了避免邀稿、審查以及會場預約的事務不被延宕，我被小組的成員推選為代理會長，讓會議的籌備得以持續進行[1]。

第 9 屆年會在紐澤西的羅格斯大學（Rutgers University）舉行，當時在羅格斯有一群相當積極又優秀的台灣留學生，包括目前在國立中山大學任教的彭渰雯，以及最近剛回到羅格斯大學任教的史密。有了他們的協助，會議籌備順利進行。以 “Changes, Continuity and Contestations in Taiwanese Society” 為主題，我們收到來自北美洲、歐洲、日本與台灣，約 127 篇投稿論文，評審後錄取了其中 75 篇，題目與領域包括社區營造、網路時代的挑戰、全球化、台語文學、社會福利、環境治理與經濟發展、跨國婚姻與移民教育、原住民文化變遷等，幾乎涵蓋台灣社會當時受重視或正在發酵的議題。

但就在年會倒數前三個月，SARS 風暴不但造成台灣與國際社會的恐慌，也連帶衝擊年會的籌備與進行。由於 SARS 病例在港台之間藉由航空交通蔓延，影響不少與會人士搭機旅行的意願，也有人考慮迴避大型聚會，以減低感染機會，所以原本錄取的 75 篇論文中有 30 篇退出。退出的請求不斷湧入，這時小組內甚至論及是否取消年會。所幸 SARS 的疫情逐漸控制，而我們也決定讓無法出席的作者，採電話語音的方式進行報告與討論。最後只剩下 40 幾篇的作者參與年會，會議過程也沒有

[1] 2003 年的行政小組成員包括：杜文苓（召集人）、王君琦（財務）、蔡育新（秘書）與彭渰雯（local manager）。議程小組則有：侯志仁（召集人）、張恆豪、陳偉志、賀安娟、李明璁、彭渰雯。

往年的熱絡，但至少年會沒有因此中斷，論文報告與討論也維持一定的品質。

原會長的失聯與 SARS 的干擾，差點使 NATSA 在邁入十週年的關卡無法延續。所幸所有小組成員及羅格斯在地同學的努力奉獻，終於讓 NATSA 度過這個難關。我原本以為我的階段性任務，在這個時候已經告一段落，可以鬆一口氣，沒想到在大會投票決定下任幹部、兵荒馬亂之際，竟被推選為下任的會長。NATSA 的會長一職，按照組織章程是以一任為限，當時心

圖 5-1　2003 年年會開幕式。

由台研會黃茗芬女士代表黃煌雄會長致詞，左起：代會長侯志仁、羅格斯大學亞州研究中心主任杜靖一。

裡想：早知如此，我一開始就答應出任上一屆會長就好了。不過，有前一任的經驗，還有一群優秀而且共事過的夥伴接任小組幹部，既然我被大家推選出來，加上組織又處在關鍵時期，就答應再拚一年。

四、Aloha，夏威夷大學，2004

第10屆的年會是北美台灣研究學會重要的里程碑，對籌備工作，我們也格外慎重。在會議地點的選擇上，我們有幾個西岸城市的選項，另外就是夏威夷。目前任教於國立台北大學的張恆豪，當時正在夏威夷大學攻讀博士，他參與過多屆的NATSA年會，也是第10屆議程小組的召集人，相當熟悉年會事務；而內部大家都覺得第10屆了，應該好好隆重舉辦。此外，NATSA年會逐漸吸引台灣的年輕學者來發表論文，不再只局限於北美洲，此時以北美洲與亞洲的中介點夏威夷作為年會地點，再恰當不過。因此，有了這些條件，在最後的評估中，雖然夏威夷的費用較高，還是成功出線。不過老實說，大家想藉機到夏威夷度假，也是強大的誘因之一。

在籌備過程中[2]，有了恆豪與其他當地同學的穿針引線，我

---

[2] 2004年的行政小組成員包括：王君琦（召集人）、劉正山（財務）、李

們獲得夏威夷東西文化研究中心（East West Center）、夏威夷大學社會系、東亞語言與文化系，以及漢學研究中心的協辦，在場地上也有著落。在經費方面，由於前一屆得過蔣經國國際學術交流基金會的補助，連續再得到的機率不高，於是我們嘗試與台灣的官方機構接洽，後來得到教育部、外交部與新聞局的正面回應，雖然補助單位分散，使作業的複雜度增加，但有了這三個單位的協助，也讓我們有充裕的經費籌備第10屆的會議。更高興的是，這次年會得到當地北美台灣同鄉會夏威夷分會的大力協助，不曉得是不是夏威夷民情風俗的關係，同鄉們特別熱情，不僅幫我們準備飲食，也參與年會的活動，為平時嚴肅的學術研討會添增許多熱鬧、溫馨的氣氛。

相較於上一屆年會的慘淡經歷，第10屆NATSA年會有種脫胎換骨的感覺。那一年我們收到超過200篇論文投稿，評審後錄取81篇；與會人數如果加上當地的學生與同鄉有上百人，應該是歷年來最多的一次。這一屆的主題演講人（Keynote Speaker），我們邀請加州大學戴維斯分校的駱明正教授，她也豪爽地答應。駱明正教授曾參與第1屆年會，十年後已經是在美國學術界展露頭角的出色學者，請她來擔任主題演講人，對第10屆年會格外有意義。自從哈佛大學的年會後，就沒有再出

宜澤（秘書）、Scott Sommers、Umin Ide (Local Manager)、Alex Huang與Ming-Yuan Peng (Web manager)。議程小組則有：張恆豪（召集人）、張鐵志、鄭力軒、賀安娟、洪貞玲、史密、杜文苓。

席 NATSA 的台研會黃煌雄會長，這次也風塵樸樸參與第 10 屆年會。長年以來，黃煌雄委員以及他所創辦的台研會，一直是 NATSA 主要的支持者。在 NATSA 邁向第二個十年的此刻，黃委員也發表一場演說，講述台研會多年來支持台灣研究的歷程。

十週年年會圓滿結束後，擔任兩屆會長的我也終於可以交棒了。不過，會長的頭銜聽起來很重要，但第 10 屆年會的籌備工作，真正的主力其實是議程與行政兩小組的成員，以及夏威夷大學的夥伴。從邀稿、收稿、審稿到議程的擬定；財務的管理；以及報名與註冊等工作，全都由所有成員分工負責。會長的功能轉為對外聯繫與發言，以及協調與督促小組工作，工作量比往年減低很多。所以，第 10 屆年會能順利完成，主要還是有賴一群年輕、熱情又專業的海外留學生；而兩個小組之間以及與在地學生良好的合作，也代表 NATSA 組織轉型的成功。

五、由學生主導的學術團體

NATSA，一個年輕時熱情的衝動，與一群朋友瘋狂地開始了這個不知可以長得多大、維持多久的台灣年輕留學生學術網絡。當初的初衷，主要是在北美的台灣年輕研究者與各國研究台灣者需要一個彼此支持的網絡。

——張聖琳，台大建築與城鄉研究所教授

圖 5-2　2004 年年會「2004 年大選後的台灣民主」討論。
左起張鐵志、高格孚、Edward Friedman 、艾琳達。

圖 5-3　2004 年年會幹部全體合照。

NATSA 自創會以來，學生就是主要的成員，大至會議的主題，小至會場的佈置都由學生所包辦。NATSA 的出現，讓散於北美各地的台灣留學生，包括博士生與研究生等，在「前網路」的年代，有一個交流與互動的平台。但也因為學生的資源及經驗有限，早年年會的規模不大，發表的論文素質也被認為不齊。此外，早期會議雖然是在美國舉行，對象也不只台灣留學生，還包括美國籍的學生與教授，但發表論文的留學生常常只用英語簡單開場後，就開始用中文發表論文。這類的因素，加上 NATSA 由學生主導、缺乏專業的特性，一直受到詬病。即使多年之後，許多人仍對 NATSA 有刻板印象，認為只是以學生為主要對象的學術研討會。

這些觀察有部分沒錯，就我所知，NATSA 至今的運作仍然是以學生為主力，但事實上參與會議的成員中，教授的比例已逐年增加，許多參與者更是長期投入，例如師大台語文學系的賀安娟教授。此外，學生們的專業組織能力在多年的累積後，也有了具體的成長。更重要的是，年度研討會的舉辦，加上由學生主導的特性與傳統，讓旅外的留學生有難得的學習機會，這是其他專業學術團體所缺乏的。透過實際參與，多年來 NATSA 訓練出一批又一批，武功高強、有執行能力的年輕學者，他們的熱誠是 NATSA 能夠維持超過二十年的關鍵，這是我所認識的許多專業學術團體所無法達到的成就。因此，作為一個學術團體，NATSA 存在的主要意義，不僅在於提升台灣研究在海外的質量與能見度，同時也提供一個學術與組織培力的場域，為台灣研究在國際上的發展，訓練出一代又一代的生力軍。

六、跨界的學習與串聯

NATSA 另一項重要的特性，是為來自不同領域的學生與學者，提供一個跨領域互動與相互學習的機會。平時在台灣或其他國家，學術研究的發表與討論，通常是在個別學科的脈絡下進行，不同學科的學者有各自固定參加的研討會，以及論文發表的期刊，彼此甚少有互動的機會。NATSA 歷屆年會的一項特色，就是有來自不同學術領域的學者與學生，以不同的觀點、理論基礎與方法，來討論台灣社會與文化各個層面的議題。

這個特性在第 10 屆前後特別顯著，年會論文的題目從早年局限於政治與社會學為主的討論，轉變為更多元的探討，特別是文化研究相關論文的數量逐年增加，議題包括性別、原住民、環境議題、教育、語言、文學等等，使人文、藝術與其他社會科學的論文，在年會上不再只扮演陪襯的角色。對我個人而言，這個跨領域的學習經驗，是我參與 NATSA 最有價值的收穫。

目前在懷俄明大學（University of Wyoming）任教的陳怡伶教授也有相同的感觸：

在台灣都市計劃的年會很少會跟社會科學混在一起，NATSA年會的各種論文，讓我學到各種社會科學和人文的人怎樣在分析台灣。……漸漸的空間和都市計畫領域也愈來愈多人參加，後來我們都還可以有幾個空間領域的組，我也發現各領域的相似性，所以，NATSA也是一個空間領域開始建立自己的社會科學認同，還有一個跨領域的學習過程。

NATSA是一個跨領域的平台，不僅提供難得的機會，讓不同領域從事台灣研究的學者，得以接觸不同的觀點與訊息，多年下來透過學員之間的互動與幹部的合作，也促成台灣學術圈裡跨學科的人際網絡。在2008年野草莓運動後，台灣學術界成立的「台灣守護民主平台」，很多成員就是過去NATSA的成員。

七、學術研究與社會實踐

除了跨領域的特質，NATSA與一般研討會不同的另一項特色，就是參與的成員多半有強烈的社會使命感，他們從事學術工作的出發點，多半是基於對台灣社會改造的期盼。也因此，許多當年的海外留學生，在學成歸國後，相繼成為台灣社會運動與社會改革行動中的活躍分子。在台灣環境運動中活躍的政大杜文苓教授、台大林子倫教授與中山大學的彭渰雯教授等，當年都是 NATSA 的核心幹部。活躍於政治界的學者更不用說，擔任農陣理事長的政大徐世榮教授，當年也曾參與過 NATSA 第 10 屆的年會。

雖然並非所有參與 NATSA 的成員都像他們如此活躍，但許多參與者的學術研究都有一份共同的特色，就是對台灣社會與文化的關懷。從原住民社會變遷到語言教育，乃至性別與新移民的議題，都是 NATSA 年會的主題，因此每年的 NATSA 年會，就如同是台灣社會變遷的年度檢驗；透過年會的交流與互動，也深化了不少與會成員對台灣研究與台灣社會改革的信念。

八、十年之後：對 NATSA 的展望

> 2002 年是我剛到美國的第一年，在仍然慌慌張張的狀況下，接觸了分散在各地各國，因為關心台灣的議題而被 NATSA 組織起來的學生。開會的短短幾天，像是吃了一顆對我的視野、經驗、與能量有幫助的大補丸。這幾年來，我每年的會議「份額」幾乎都用在規劃、地理或是亞洲研究的年會上。但是，NATSA 仍然是啟發我進入一個學術社群的重要關鍵。
>
> ——史密，羅格斯大學助理教授

二十年下來，NATSA 作為一個學術團體的韌性與發展，可能是當年創始的會員無法想像的。憑著一屆又一屆學生的努力，以及台研會與不少其他團體的協助，NATSA 如今已邁入第三個十年。NATSA 目前依舊是由學生主導的團體，會議規模或許無法比擬其他大型的學術研討會，但 NATSA 最重要的成就不在於這些一般的指標，而是它提供一個平台。讓海外留學生，甚至國內學者，可以組織串聯並提升視野與能力；讓平常散布在北美或世界各地的留學生與年輕學者，有一個交流互動的空間。

NATSA 既然是學術團體，則提升學術影響力與團體公信力，自然是未來應該持續發展的方向。在這個方向上，NATSA 還有很多事務可以推動，包括透過出版與平時的通訊等方式，來增加能見度與影響力。這些工作需要更多團體的協助，以健全的財務來推動會務發展。但在提升能見度與影響力的同時，也不能忽略 NATSA 最大的本錢與核心價值，是一群活潑又熱情的學生，而學生的創意與能量，也是 NATSA 未來成長最主要的動力。

大約十年前，我受邀參與一場台灣研究工作坊，在加州大學洛杉磯分校（University of California, Los Angeles）召開[3]，

---

[3] Blue Prints for Taiwan Studies in the Humanities and the Social Sciences: A Workshop. Comparative and Interdisciplinary Research on Asia (CIRA), UCLA International Institute, University of California, Los Angeles. December 6, 2004.

當時討論的主題之一，就是台灣研究作為一個學術領域應該如何發展。我當時認為，相較於中國研究、日本研究等領域，台灣研究相對缺少一個清楚的定位輪廓，這或許和台灣的國際地位與處境有關，但這個複雜性與模糊性也是台灣研究的特質所在。更精確地說，台灣研究似乎總是在處理流動的文化認同、經濟活動，以及政治與社會過程。所以，與其以區域研究的定位為目標，或許我們更應重視跨界的連結，進而凸顯台灣議題的特性，並透過跨界的學術影響力，讓台灣研究能在國際學術界受到重視。相對地，過分強調區域的劃分，反而容易使台灣研究在學術研究上更孤立。

除了跨界的特質外，我當時也認為台灣研究的發展，不僅要靠學術上的努力，也要深化組織的發展，這也是北美台灣研究學會與其他相關團體，未來需要努力的地方。過去二十年，NATSA 為海外留學生提供一個重要的平台，但台灣研究光靠年會這個平台是不夠的，還需要更多元的舞台，包括出版甚至獎助研究等，來推動多元的學術活動，並使學術活動能與社會結合，發揮更大的影響力，而這些工作需要更多個人與團體投入。

NATSA 過去二十年的努力，已經為這項工作奠定良好的基礎，它不僅是學術團體，更是運動團體，一個結合社會、學生與學術的運動團體。在 NATSA 二十歲的今日，就讓我們在這個基礎上展望未來。

第6章

十年之後

北美台灣研究學會的困境與轉變（2004-2009）

黃丞儀

中央研究院法律學研究所副研究員

NATSA 2008 第14屆會長

曾薰慧

香港中文大學性別研究課程助理教授

NATSA 2009 第15屆會長

前言

台灣研究在北美洲的研究能量，是否足以成立一個專業學會，始終是北美台灣研究學會（NATSA）在發展過程中，不斷遭遇的質疑與挑戰。成立之初，台灣研究在北美洲（主要指美國）尚未成為人文或社會科學的重要研究對象，遑論有豐沛的研究人力。當時成立的主旨之一即在於推廣台灣研究，並且讓負笈北美的台灣留學生有發表論文的園地。因此，北美台灣研究學會其實是將國內台灣研究的熱情與理想，向外輸出到北美洲，並不是因為美國學術界有豐富的台灣研究成果而成立的專業學會。此一發展脈絡相當程度決定了這個組織早期的性格和運作模式，亦即由台灣人自己發動、鼓吹研究台灣、並且凝聚對台灣有興趣的「參與者／研究者」。發起設立的前幾屆成員，曾經直接或間接加入台灣民主化歷程中出現的政治運動或學生運動，並與黃煌雄先生主持的「財團法人台灣研究基金會」有密切關係，或是參與早期「新生代論文研討會」的活動。這樣的個人經驗在台灣第一次政黨輪替（2000 年）後，逐漸消失。當陳水扁總統進入第二任任期（2004-2008 年）後，國內的台灣研究蔚為風氣，從中央研究院到各大學均已成立台灣史研究所或台灣文學研究所，台灣研究儼然已確立學科地位。然而，回過頭來看北美洲的發展，在美國人文及社會科學領域，因為中國崛起，台灣研究益發邊緣化。在這段期間出國留學的新一代台灣學生經常必須面對極大的落差，進而開始思索台灣研究在北美洲如何「建制化」（institutionalization），或者促進台灣研究在美國的人文社會科學領域中「被看見」（visible）。

本文兩位作者都是在2004年以後才加入北美台灣研究學會的運作。黃丞儀於2004年在夏威夷大學參加第10屆北美台灣研究年會，此後開始參與會務運作，並於2007至2008年間擔任第14屆會長，於西雅圖華盛頓大學舉辦2008年年會。曾薰慧於2006年參加在科羅拉多州立大學博德分校（University of Colorado at Boulder）的年會後參與學會運作，於2008年至2009年間擔任第15屆會長，2009年於德州大學奧斯汀分校舉辦年會。兩位作者均投入四年以上的時間，參與本會的學術及行政事務，這段期間也是北美台灣研究學會邁入「第二個十年」（2004-2014年）的前半期，含括台灣第二次政黨輪替（2008年）的開端。本文將以北美台灣研究學會在「第二個十年」的開端遭遇的困難與發展為主題，透過北美台灣研究學會的運作和年會發表論文，分析這段期間（2004-2009年）的趨勢。

一、破而後立：2006年至2008年的學會運作

北美台灣研究學會在2004年的夏威夷年會後，逐漸面臨幹部青黃不接的狀況。2005年在科羅拉多州立大學博德分校舉辦

年會後，會長王君琦卸任，由劉正山接任會長。當時有待解決的重要問題包括是否在美國登記為非營利組織（NPO）。雖然本會於 2000 年林子倫擔任會長時，已經取得稅籍編號（TIN），但是地址一直無法變更。由於北美台灣研究學會的公務往來，都會隨著會長的住所改變，而會長又都是留學生，住居地是暫時租賃的公寓。因此，如何建立一個長期的住所地址，進而申請非營利組織的資格，以便在美國接受捐款，也就成為問題。其次，本會的銀行帳戶為美國銀行（Bank of America），該行在美國中西部及西部並不普及，要辦理銀行業務要跑到大城市，如舊金山或芝加哥，對於居住在大學城鎮的行政幹部而言並不容易。上述問題都和本會沒有固定辦公室有關，如果是專業學會，應該會在某個大學的系所設址，或是另外安排固定處所作為聯絡及登記地址，並且有專人可以負責上述行政業務。從行政運作上來看，北美台灣研究學會是留學生組織，和 1970 年代的保釣學生運動相去不遠，往往隨著留學生的組成變動而興衰。

2006 年的年會在加州大學聖塔克魯茲分校（University of California, Santa Cruz）舉辦。該校位處北加州的山林之間，從舊金山機場搭車前往尚需兩到三小時，使本屆年會參與者較往年少。另一方面，當地負責年會行政事務（local manager）的台灣留學生既不是本會成員，亦未參與本會籌辦過程，對於如何運作非常不熟悉，再加上該校校區分散，在在造成行政工作的困難；而時任會長的劉正山，也因學業因素不便前往參加。

據曾經出席這次年會的台灣留學生所述，場面十分冷清，甚至讓參與者懷疑這是不是一個「學會」。通常北美台灣研究學會都會在年會會議上招募下一屆幹部，但這次會議結束後幾乎沒有人願意加入，使本會面臨崩解危機。

長期支持北美台灣研究學會的黃煌雄先生在參加會議後，找來幾位台灣留學生，剴切痛陳這次會議的缺失，並歷數北美台灣研究學會的創辦宗旨和願景，嘗試激勵眾人。在他的勉勵下，當時就讀威斯康辛大學麥迪遜分校教育學院的高慧婷，主動挑起重任，在會後聯繫舊幹部，組織新的團隊；而2007年的年會也在麥迪遜舉行，規模較聖塔克魯茲年會盛大許多，駐芝加哥台北經濟文化辦事處亦派員參加。在新團隊和威斯康辛大學台灣留學生的協力配合下，2007年年會讓北美台灣研究學會重獲新生，奠下繼續運作的重要基礎。

為了讓本會的運作更穩固，高慧婷會長任內首次建立本會的顧問團（Board of Advisors）。顧問團成員包括向來關心台灣研究或亞洲事務的資深學者，以及年會籌辦所在地的大學重要學者，以加強本會與該校學者的聯繫，達到推廣台灣研究的效果。例如2007年的顧問團除了紐約大學（New York University）法學院的孔傑榮教授（Jerome Cohen）、威廉瑪麗學院（College of William & Mary）的鄭敦仁教授、芝加哥大學的杜贊奇教授（Prasenjit Duara）之外，還有威斯康辛大學政治系的Edward Friedman教授和教育學院的Carl Grant教授。同時，2007年的主題演說，則邀請紐約的社會研究新學院（The New School for Social Research）人類系和歷史系特聘講座教授Ann Stoler擔任。Stoler教授為東南亞研究專家，亦為人類學理論的重要學者。這是北美台灣研究學會首次邀請「非台灣研究領域」的重量級北美學者擔任主題演說人，希望可以擴散研究網絡。此外，國家圖書館漢學研究中心精選五百餘冊，以「台灣研究」為主題的圖書，由國內運送至威斯康辛大學參加年會，於會議期間進行書展，會後則將該批圖書捐贈給威斯康辛大學圖書館。此為北美台灣研究學會於年會時，一併進行「台灣研究」相關書展的創舉。

過去歷屆幾乎每一學科，都能找到一至二人擔任議程組負責人，如政治學、人類學、社會學、經濟學、歷史學、文學、法律學等。然而，由於聖塔克魯茲年會的失敗，造成幹部人數不足，因此從麥迪遜年會的籌委會開始，不再依學科來籌設議程組（program committee），改以主題為核心。第13屆（2006-2007）的議程組便改依會議主題來設置。當年度大會主題為「『帝國』網絡中的台灣」（Taiwan in the Nexus of 'Empires'），另設有三項次主題：政治腐化與民主強化下的台灣、台灣的正義與和平、台灣的資訊社會反思。[1] 因此，僅需

1 "Political Corruption and Democratic Consolidation in Taiwan," "Justice and Peace in Taiwan," and "Reflection and Critique on Taiwan as an Information Society."

四組負責人擔任即可，而且不限單一學科。如第 14 屆（2007-2008）的籌委會議程組除了正副召集人（coordinator）外，僅設五位負責人（commissioner），即可負責整個年會的摘要審查和議程規畫。

過去徵稿是由投稿者以電子郵件，將摘要寄給議程組負責人，再由各組負責人彙整後寄給審查人審查。第 13 屆籌委會嘗試強化網站功能，讓投稿者可以直接在網站上提出摘要。但這項努力並未徹底成功，尤其網路管理員一職無法找到合適的人接手（原先為威斯康辛大學學生 York Lin 擔任），亦成為第 14 屆籌委會亟待解決的當務之急。第 14 屆籌委會成立後，在經歷網管更迭不定的狀況後，最後找到在芝加哥藝術學院工作的 Danny Hsu 協助重新設計網頁，並且建立後台資料庫。此一資料庫後來成為數屆年會徵稿相當倚重的重要系統，Danny Hsu 穩定成熟的工作態度，也奠定了北美台灣研究學會往後數年網路發展的重要基礎。

2007 年麥迪遜年會圓滿落幕後，2008 年移師西雅圖華盛頓大學（University of Washington in Seattle）。該屆年會舉行地點，並非當時會長的所在地芝加哥，但是當地有一群強大的台灣留學生組成當地行政事務組（local managers），其中以吳欣陽和鄭川如為主要負責人。在顧問團的部分，亦加入華盛頓大學教授如人類系的 Stevan Harrell、社會系的 William Lavely、法學院的 Veronica Taylor。在經費和場地的部分，獲得華盛頓大學法學院和亞洲法中心（Asian Law Center）的贊助，年會在華盛頓大學法學院使用的教室和演講廳完全免費；華盛頓大學的東亞中心（East Asian Center）和中國研究群（China Studies Program）也贊助美金1,300元。就「結合年會舉辦當地機構」的角度而言，2008年年會的營運算是相當成功。

在2007年麥迪遜年會時，主題演說人Ann Stoler曾經詢問擔任議程組負責人的黃丞儀，北美台灣研究學會的手冊上列了外交部和教育部作為贊助者，本會是否屬於政府外圍組織？為了避免有此疑慮，2008年西雅圖年會向蔣經國學術基金會申請贊助，經過嚴格的審查，順利獲得美金25,000元的補助。但是，當年度的總共開銷為美金32,752.45元，會後各項收支結算下來，不足額計為美金3,782.45元，其中最大開銷為對於發表人、評論人及工作幹部提供的差旅補助，計達美金18,064.52元。自從北美台灣研究學會設立以來，為了獎勵台灣留學生多參加學會活動，即創設差旅補助。以2007年麥迪遜年會為例，每篇論文報告人可獲得半額的差旅補助，美國國內的參與者上限為美金200元、國際參與者為美金300元。2008年西雅圖年會則有較複雜的規定，原則上論文發表人仍舊可以獲得至少美金200元（美國國內）和300元（國際）的補助，但是如果西雅圖只是從美國回台灣的轉機點，則視為國內機票。而從其他國家飛至西雅圖但行程延伸到美國境內其他城市，則以單程機票計算。另外，海報發表人（poster presenter）所能獲得的補助較少（美國國內：美金150元；國際：美金200元）。為了開源，第14屆年會開始收取註冊費（registration fee），依照報名註冊時間而有不同（先期報名：美金60元，一般和當場報名：美金75元），用來攤付歡迎晚宴和會議期間餐點費用。

2008年西雅圖年會為了增加會議的學術交流功能，有幾項新措施：（一）舉辦「最佳年度論文獎」（Best Paper Award）；（二）海報發表（Poster Presentation）；（三）邀請美國主要大學出版社，擴大舉辦書展；（四）就業面談（Hermes Program）。以下簡要說明該次年會的情形。

首先，當年度以「破譯政治、重肇社會：台灣的下一輪轉變」（Translating the Political, Re-envisioning the Social: What is the Next Turn for Taiwan）為大會主題，另規畫三項次主題，分別為區域安全、文化產業、全球在地化。總計收到將近100份摘要投稿，最後錄取48篇論文，分別規畫為14場次研討會和6篇海報發表。為了延續前一屆「擴散研究網路」的策略，邀請加州大學柏克萊分校修辭學系（Department of Rhetoric）的後殖民理論專家謝平（Pheng Cheah）教授擔任主題演說人。為了避免「非台灣研究專家」的主題演說和台灣研究無法產生關連，以及無法增加主題演說人對台灣的關注，這次年會亦邀請中研院台史所吳叡人教授擔任主題演說的與談人，進行實質對話。謝平的演講挑戰後殖民理論的「文化－心理分析」取徑，從東南亞跨境人流（勞力、婚姻）和投資為例，說明政治經濟

圖 6-1　謝平（左）與吳叡人（右）進行後殖民理論的實質對話

商品化的全球鏈結，進而提出康德主義式的自我決斷，可以突破文化多元主義的困境。吳叡人在回應時特別以愛爾蘭政治和日治時期台灣史為例，對過去歷史的遺忘或刻意忽略，將使全球性的討論失去意義。在回應與討論時，Stevan Harrell 教授則挑戰台灣研究學者（和學生），不要「自我受害者化」（self-victimization），而要勇敢擁抱中國研究和東亞研究的社群。但此一挑戰遭到在場聽眾不同角度的批評與回應，主題演說人謝平則回應，後殖民歷史是一段開放的論辯與反思過程，台灣的各種發展，都可以成為進一步檢討後殖民理論的討論基礎。而會議最後舉辦圓桌論壇，針對民進黨執政時期，社會運動被吸納到政治過程中的情形進行廣泛討論，參與者包括黃長玲、吳叡人、候志仁（Jeff Hou）、戴伯芬和周馥儀等人，由會長黃丞儀主持。

最佳論文獎的評審包括主要領域的學者：William Lavely 教授（社會學）、鄭敦仁教授（政治學）、Patricia Sieber 教授（文學）和林徐達教授（人類學）。為了增加誘因，學會提供美金 300 元獎金，並製作獎牌一座；若兩人並列，則各獲贈美金 200 元。所有參加評比的論文應於 4 月 15 日，亦即年會正式舉辦日期兩個月前提出，而且唯有出席年會並親自發表論文的參賽者，才符合得獎資格。參加競賽的會議論文總計有 11 篇，要從各種不同領域的論文中，選出當年度最佳的會議論文，近乎「不可能的任務」。經過評審委員詳細討論，挑選出兩篇論文，分別是 “De-Chineseness? Or Globalization? (Re)Imagining the Taiwanese language in a global context”(Fang-yu Wang) 和 “The Ambivalent Juxtaposition of Equality, Multiculturalism, and Sexuality: A discursive review of gender education policy in Taiwan”(Shu-ching Lee)；但最後只有第一篇的作者到場發表，因此當年度最佳論文獎得主只有一人。

「台灣研究」書展則有夏威夷大學出版社、西雅圖華盛頓大學出版社、哥倫比亞大學出版社、史丹福大學出版社，以及康乃爾大學出版社共同參與。這五家出版社總共寄送超過五十種台灣研究相關的最新出版品，會後並贈送給華盛頓大學亞洲法中心。

圖 6-2　2008 年西雅圖年會的新措施

（左上）邀請美國主要大學出版社，擴大舉辦書展；（右上）論文海報發表；（下）頒發「最佳年度論文獎」

為了增加學術交流的形式，第 14 屆年會在徵求摘要時，請作者勾選是否願意接受「海報發表」的形式。因此在進行摘要審查後，議程組自未經錄取為口頭報告的摘要中，選出了八篇摘要，邀請這些作者前來報告。最後雖然只有五位作者參與，但是這五篇論文的海報吸引了不少讀者駐足並與作者討論。

最後，為了讓台灣研究能夠更受重視，第 14 屆年會也仿照大型學會的作法，嘗試提供博士畢業生和潛在僱主面談的機會。原先是希望透過補助差旅費的方式，吸引有意願聘請台灣研究年輕學者的系所主管，來年會現場進行就業面談，但因方案成形的時間太晚與費用吃緊，而且實際上也沒有大學相關系所與本會接洽，因此「就業面談」並未真正進行。

2008 年第 14 屆年會在西雅圖舉辦時，正逢北京即將舉辦奧運，以及台灣的新任總統馬英九甫行就職，面對中國日益強大，當時台灣正處於十字路口，何去何從尚無定見。北美台灣研究學會進行各種嘗試，希望朝向更專業化的學會發展，包括建立網站的資料庫系統；強化顧問團的學科代表性；舉辦最佳論文獎；增加海報發表；邀請北美大學出版社參加書展；籌畫「就業面談」；或是在議程規劃上延續前屆年會擴展學術網絡的路線，增加邀請重要學者與主題演說人進行對話；在財務上轉向非政府組織募款。

換言之，在中國傾全國之力在海外普設孔子學院之際，北美台灣研究學會靠著幾位台灣留學生犧牲自己的研究時間，甚

圖 6-3　2008 年西雅圖年會會後合照

至延後畢業，努力讓「台灣研究」不限於島內的主體意識發展，希望靠著「專業化」讓台灣研究可以在北美洲學術圈成為嚴肅的研究領域。

二、奔流向海：2008 年至 2009 年的學會運作

2008 至 2009 年的學會運作大體上承襲前一年的慣例，其中最大的突破，在於解決了長期困擾學會的 NPO 在美登記註冊問題。如前所述，登記 NPO 需要提供永久會址，這對由留學生組成的學會而言十分困難，因為會址會隨著每屆會長上任、卸

任而更換。此外，成立 NPO 之後所面臨的行政事務，還要加上報稅一項，對於缺乏會計人手又經費有限的學生團體而言，實在是燙手山竽。

所幸在台研會黃煌雄委員的幫忙下，我們找到一位他在加州的友人，免費提供其住所地址作為本會永久會址。在美註冊NPO 比想像中困難許多，除了必須熟悉在該州註冊的規則，由於年會每年舉辦所在地不同，還必須了解如何處理跨州的稅務問題。這對不諳美國法律且課業繁忙的留學生來說，耗費的精力與時間成本無法想像。所幸得本屆財務負責人林志遠的協助，一路從規章到稅務問題的研究，不假他人之手獨力完成，讓學會省下不少聘請律師及會計師的費用。他的財務經驗與這些經驗的傳承，對學會往後作為一個獨立的NPO有不可抹滅的貢獻。

台灣研究在台的蓬勃發展與在美的勢力消退，在 2000 年後逐漸看到這股消長帶來的結果。首先是面對學會該如何繼續發展，以及年會該如何舉辦的討論，亦即該維持原初創會的用意，讓年會繼續作為留學生在學術生涯中初試啼音的舞台，還是轉型成為專業學會組織，吸引更多學者與教授的參與。

維持原初創會用意的「利」，在於讓研究台灣的研究生（大部分仍為台灣留學生），享有相對於其他大型專業會議較易被接受，研究交流也較聚焦的發表空間。「弊」則在於作為學生團體，被美國學術界認可的專業性不夠強烈，對於推廣台灣研究還是有所限制。再者，由投稿的稿源地來看，來自台灣的稿件逐年升高，美國本土的稿件則逐年下降。以2009年的年會為例，已達五五波。這股消長顯示，在美從事台灣研究的留學生日益減少，年會原初維繫台灣留學生情感與智識交流的美意，終於面臨了來自台灣的挑戰。我們發現，許多在台灣的研究生參與年會，是因為面臨畢業前「參與國際學術會議」的業績壓力。由於以往年會皆允許使用多語文發表，包括中文、英文，以及台語羅馬拼音，對於不諳英語書寫及表達的台灣學生而言，能以母語在國際學術會議上發表論文，實為一大便利，加上不無小補的機票補助，吸引了不少台灣的留學生。

2008的年會上出現了一位以台語拼音寫作的發表者。為了找尋能閱讀羅馬拼音學術論文並熟悉該議題的評論者，議程委員會吃足了苦頭。這件事讓學會意識到，要促進學術交流的廣度與深度，我們必須在極大程度上消彌語言的障礙，同時將交流的對象從台灣研究的學術社群，拓展到美國本土學術社群，而且不僅是資深學者，還包括研究生群體，以利發展跨學科領域的橫向交流。因此，在2009年的年會上，我們將語言政策修改為只能以英文書寫。口語報告上雖然沒有堅持使用英語，但我們還是鼓勵發表者使用英語。在評論者的邀請方面，我們也超越區域研究的領域，邀請許多非台灣研究，但在議題與理論觀點上，能與發表者有所交集的年輕學者群。

這些轉變顯示，隨著時代潮流的演變，中國對外開放對於當代「中國研究」的勢力崛起，有推波助瀾的功效；而台灣在

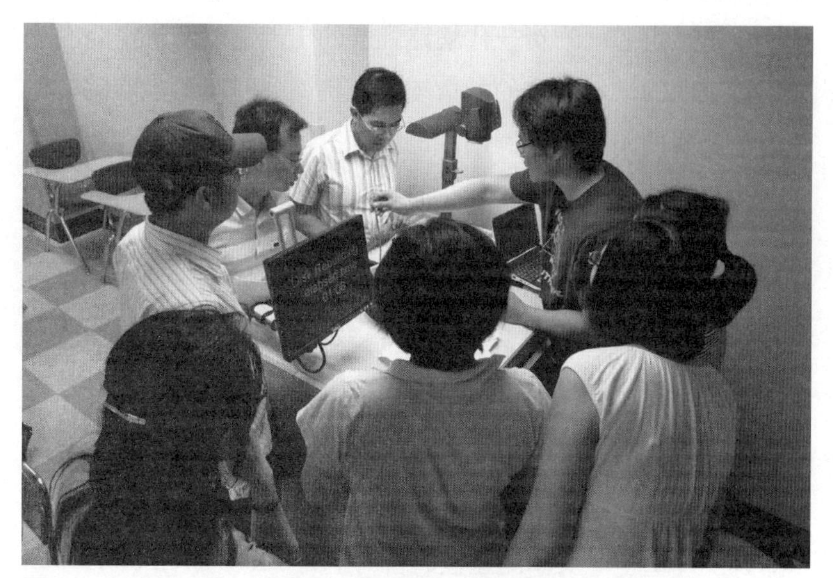

圖 6-6　NATSA 2009 會議前夕幹部學習分組會議教室的儀器操作

1970 年代被視為「中國社會」的象徵替代，吸引國際學者來台從事調查研究而成就的「台灣研究」，已光景不再。今日的「台灣研究」已無法「自成一格」，必須鑲嵌在更廣泛的地域研究與跨學科的觀點對話中。

2009 年的年會選在德州大學的奧斯汀分校舉辦，由該校東亞研究中心、東亞系及社會系協辦。在 2009 年的主題設計上，我們以「空間、文化與社會」作為想像台灣的切入點，企圖藉由當時台灣社會與科技發展衍伸的空間議題，如台灣高鐵帶來的南北生活距離縮減；兩岸飛機直航促進的旅遊業與商業交流；資訊媒體造就的新一代網路社群的出現；以及新空間的生成與舊空間的清場帶來的社會變動，例如眷村與樂生病院。這些議題反映的不只是台灣內部的問題，同時也反映了在資本、人力與物力快速流動的全球化時代，空間的改變與島內外的人力、物力重新結構與部署對台灣帶來的影響，是賦權還是不平等的加劇？是新的認同形成的契機還是危機？在這個脈絡下，我們安排了下列幾場相關的議程，[2] 包括台灣電影的影像空間（Cinematic Space in Taiwanese Films）、性別化政策與知識（Engendering Policy and Knowledge）、虛擬社群：新媒體的潛力與限制（Virtual Community? The Potential and Limitation of New Media）、文學論述裡的台灣空間（In Search of Taiwan through Literary Narrative）、再訪台灣本土文化（Taiwanese Local Culture Revisited）等等。

在大會主題下，我們承襲過去兩三年形成的新慣例，以主題而非學科分類為軸線，設計了三個次主題，分別是「台灣脈絡下的區域主義與民族主義」（Regionalism and Nationalism in Taiwan's Context）、「生態政治在台灣」（Eco-Politics in Taiwan），以及「文化領域中的認同與雜種狀態」（Identity and Hybridity in Cultural Spheres）。「台灣脈絡下的區域主義

[2] 以下關於議程方面的介紹內容來自 2009 年年會檢討報告中的議程委員會報告。

與民族主義」討論有關台灣在國內及國際社會中表現出的區域主義與民族主義，議程包括台灣法律系統的發展與變革；台灣的國家和地方政治，以及兩岸關系背景下的台灣。「生態政治在台灣」關注以經濟和科技發展而出現的環境議題，尤其是以環境政治為主的草根運動，議程包括「環境意識的治理與政治」（Governance and Politics of Environmental Consciousness）以及「再製／製造少數：法律與族群在台灣脈絡下的空間化」（Re/making Minorities: Saptialization of Law and Ethnicity in Taiwan's Context）。最後，「文化領域中的認同與雜種狀態」則探究台灣文化領域中的電影、文學與美術作品如何受到全球化與資本主義化潮流的影響，打破現有疆界的禁錮生成文化混同（hybridity）。族群空間流動的討論則從祖譜、墓誌、考古等角度切入研究台灣認同的構成，以及流行文化與政治活動的交互關連。

在審查摘要與組織議程的過程中，一段有趣的插曲值得一提：雖然年會主要的參與者仍為研究生，但我們發現幾年下來，學者與教授參與的比例越來越高。然而，由於我們採取雙向匿名審查，除了會長與議程委員會主席，其他人無法知悉審查結果，更無法介入審查過程。當結果出爐後，議程組才會整理被接受的稿件，從中挑選出學者與教授，製成日後可能邀請擔任panel 主持人或評論人的名單。換句話說，資深的學者可能在與資淺的研究生一較高下後落馬，因為審查規則全憑一紙摘要是否得到三位匿名評審（皆為助理教授級別以上）青睞。基於學術倫理與公平原則，這個雙向匿名審查制度會一直延續下去。

就在當年審查結果確定，議程委員會開始廣邀評論人時，一位資深學者憤怒地拒絕了學會的邀請。當時這位學者的理由是：「我連投稿都過不了，憑什麼擔任你們的評論人？況且暑假期間出國演講滿檔，更沒空參加。」搞得發函邀請的同學十分尷尬，不知如何回應。然而，這個尷尬也說明了學會對待學術的態度，對過去質疑學會政治傾向及學術專業性的聲浪，是一個很好的回應。

2009 年年會的主題演說人，邀請到波特蘭州立大學（Portland State University）建築系教授 Sergio A. Palleroni 擔任。Palleroni 教授的研究長期關注世界各地經濟較落後地區的社區永續經營，並致力將學術成果反饋到對社區的工作上。他鼓勵學生投入在地居民的社區生活中，早在 1970 年代開始，就擔任許多國際 NGO 組織，以及多個亞洲國家政府在規劃綠色建築方面的顧問，其中包括台灣。他的演講向我們展示了台灣發展科技創造另類綠色空間的可能性，並提供了社區建築永續經營的遠景。

本次年會亦舉辦一場名為“Locating Taiwan Studies in Different Geographical Contexts”的論壇。「如何定位台灣研究」對從事台灣研究的學者而言，始終是縈繞腦海、揮之不去的問題。2008 年北京奧運標誌了中國的崛起，面對中國研究壓境，

圖 6-7　NATSA 2009 圓桌論壇

論壇主題為 Locating Taiwan Studies in Different Geographical Contexts。

台灣研究如何自處？中國與台灣的關係，不僅在實質的政治領域上產生更強烈的擠壓，在學術市場上亦反映相當的現實。例如台灣研究被視為中國研究地方性的一環，必須依附中國研究而存，許多研究生也擔心畢業出路而選擇中國研究，或將目標放在未來回台就業。不像「中國研究」，從事「台灣研究」的研究生要在美國就業市場找到工作，可能性微乎其微。這個論壇請到羅達菲教授、Stevan Harrell 教授，以及 Awi Mona／蔡志偉教授（國立台東大學），分別講述台灣研究在歐洲、美國，以及台灣本土的發展，希望藉由他們的研究與行政經驗，向聽者分享不同地理區位的條件，如何塑造台灣研究不同的在地發展。

由於2008年「就業面談」出師不利，2009年沒有延續。這項挫敗反映台灣研究在美國發展的困境——儘管現在台灣政府資助越來越多美國一流大學成立台灣研究中心，但這種中心的創立往往只能整合校園內的現有資源、舉辦活動，或是提供短期教師或研究人員的聘任。對於需要一份長久穩定工作的新鮮博士，這些單位始終無法提供一個專職聘任的機會。

此外，本次年會延續2008年的設計，舉辦「最佳論文獎」鼓勵論文發表者，規則是只要論文摘要投稿到NATSA並得到接受，不論在小組討論議程或海報項目的投稿人，都有參加這個獎項的資格。我們邀請四位不同領域的國內外學者，就四個審核標準進行審查，包括論文問題意識的清晰程度、書寫風格的專業與優美程度、原創性，以及對台灣研究的貢獻四個角度。可惜的是，最佳論文的投稿率不如預期，只有約13%。這可能是因為截稿時間與一般美國大學的期末時間衝突，使許多與會者無法及時交稿；而審查需要一定的時間與程序，又很難延遲截稿日期以吸引更多的參賽者。本屆大會最佳論文獎是由王嘉蘭所撰寫的論文“Cape No.7 and Taiwan's National Consciousness”（海角七號與台灣國家意識）榮獲。

本屆顧問團制度承續往年，名單計有紐約大學的Jerome A. Cohen、芝加哥大學的Prasenjit Duara、西雅圖華盛頓大學的Stevan Harrell與侯志仁（Jeff Hou）、俄亥俄州立大學（Ohio State University）的Patricia Sieber、哈佛大學的王德威、國立台灣大學的王泰升與吳密察，以及德州大學奧斯汀分校的喻維欣（Wei-Hsin Yu）。除了台灣教育部的經費贊助，德州大學奧斯汀分校的東亞研究中心、東亞系及社會系的協辦，也讓學會在商借硬體設備與會議場地上省下不少經費。此外，義美食品股份有限公司亦提供贊助，使會議的舉辦更順利。

最後，書展的舉辦計有四間大學出版社參與，包括 The Cornell University Press, The Stanford University Press, The University of Illinois Press, 以及 The University of Washington Press。展後圖書依照往年慣例，捐予大學的圖書館作為藏書。

2009 年年會在眾多幹部與協辦單位的共同合力下，劃下完美的句點。尤其感謝出力甚多的議程組負責人（Program Coordinator）謝玉怡，她犧牲論文寫作的時間，花費相當多的精力協助會長執行會務。當地事務組的負責人（local manager）李鎮邦亦功不可沒。[3] 每一年學會在布局下個年度的人事時，總要經過一番驚險的波折，這似乎是學生團體從事永續組織經營的最大挑戰：如何尋覓適切的合作人才，以及如何確保檔案的保存、更新與使用。由於學會年年更新人事，許多該年的幹部往往是在不熟識的情況下合作；而由於缺乏面對面開會的機會，溝通的時間成本也比其他專業組織高出許多。這也是為何每年

[3] 當時因雙方缺乏熟稔與互信的基礎，不時在溝通上出現問題，造成行事負擔。然而相信多年後，這些經驗都將成為未來學術生涯中再次與他人共事的借鑑。

圖 6-8　NATSA 2008-09 部分與會幹部

人事交接時，會長總要到處苦求，曉以大義，希望被「看中」的接班人選願意出任要職。畢竟，對許多研究生而言，如何快速寫完論文早早畢業才是留學的正道。

有趣的是，2008-09 年的委員會在徵詢成員參與時，出現了一位中國籍的志願者，成為學會有史以來首次受邀的中國籍幹部。他的參與在當時的議程委員會內部，曾經引起小小的波瀾。有幹部擔心不同的，甚至可能是敵對的政治立場，會帶給議程規劃麻煩，並且以如果發生政治問題將選擇離開學會的方式，抵制對他的邀請。然而事後證明，他的參與不僅為學會帶來不同的視角，他的責任感甚至超越許多本國籍的幹部，成為一個特殊的標竿。2009-10 年的學會幹部重組，他再次獲邀擔任委員，表現同樣獲得好評。多年後，在某次中研院社會所討論台灣研究在北美洲發展的論壇上，中國籍幹部參與 NATSA 運作的案例再度被提及。中國籍幹部的參與，標誌了 NATSA 擺脫被質疑為獨派團體的過去，而朝向專業學術團體的進程 —— 外部力求公平的匿名評審程序；內部力求平等的討論機制 —— 也不因為成員不同的背景或立場而影響年會舉辦。

NATSA 在美登記成為 NPO，代表獨立自主的年代來臨，它所要面對的最大困難，就是資金無法再單獨依靠台灣研究基金會籌募，而必須自行開發財源與進行資源連結。由於許多基金會不會長期資助學生團體的活動，台灣政府也只將投資標的鎖定在美國一線大學台灣研究中心的設立，所以被視為學生團體的 NATSA 要得到特定機構長久穩定的財務支持，有其難度。然而，已在北美洲學術社群享有一定聲譽的 NATSA，若因財務困難無法經營下去，不僅是北美洲亞洲研究學圈的損失，也是台灣政府千方百計在美推廣台灣研究最大的諷刺。所以，我們期許走向多元與專業的 NATSA，能得到更多相關機構在財務上的襄助，一路走下去。

三、退潮與漲潮之間：2007-2009的學科發展趨勢

在前兩個部分，我們嘗試勾勒北美台灣研究學會在2004年到2009年之間的一些發展狀況。在時間脈絡上，這段期間正好是本會第二個十年的前半段。一方面逐漸脫離「後野百合時期」同人社團的性質，朝向生根北美洲的專業化區域研究學會轉型；但另一方面，台灣研究畢竟和台灣本身的政治社會，乃至於學術發展，有密切關係，因此北美台灣研究學會呈現的研究圖像，在此階段亦有不少轉變。我們利用2008年建立的線上論文摘要系統，整理了2008年到2010年的論文資料，發現在這段期間，文學領域的摘要數量特別突出，總計達62篇之多，平均每年都有將近20篇文學領域的論文，在北美台灣研究學會的年會上發表。相較於同樣是和台灣研究崛起有密切關係的歷史學領域，連續三年都只有個位數（4篇、3篇、6篇），文學領域的蓬勃發展令人印象深刻。

文學和文化研究在這段期間的崛起，不難理解。同一時期在美國成立的台灣研究講座（如加州大學聖地牙哥分校）或台灣研究學程（如德州大學奧斯汀分校，或加州大學聖塔芭芭拉分校），都是由具有文學背景的學者主其事（廖炳惠、杜國清或張誦聖）。因此，從「建制化」（institutionalization）的角度來說，文學研究應該是台灣研究當中，最早被美國人文社會

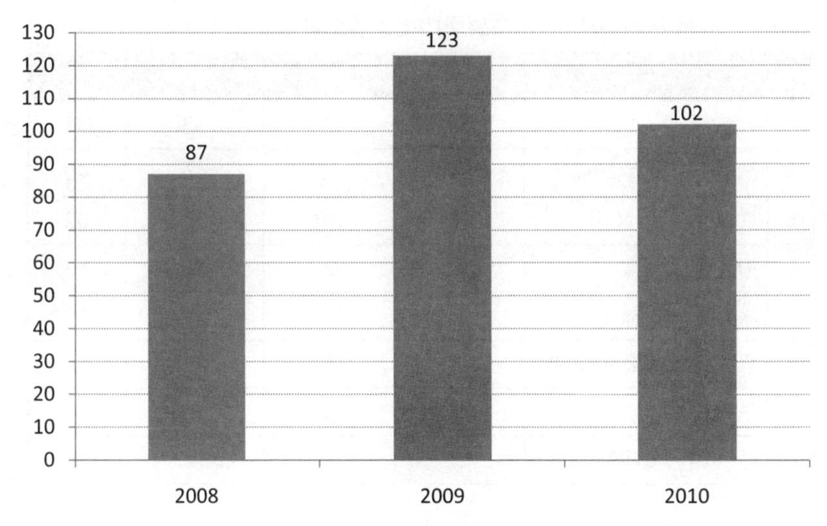

圖 6-4　2008 年到 2010 年，各年提交的摘要總數

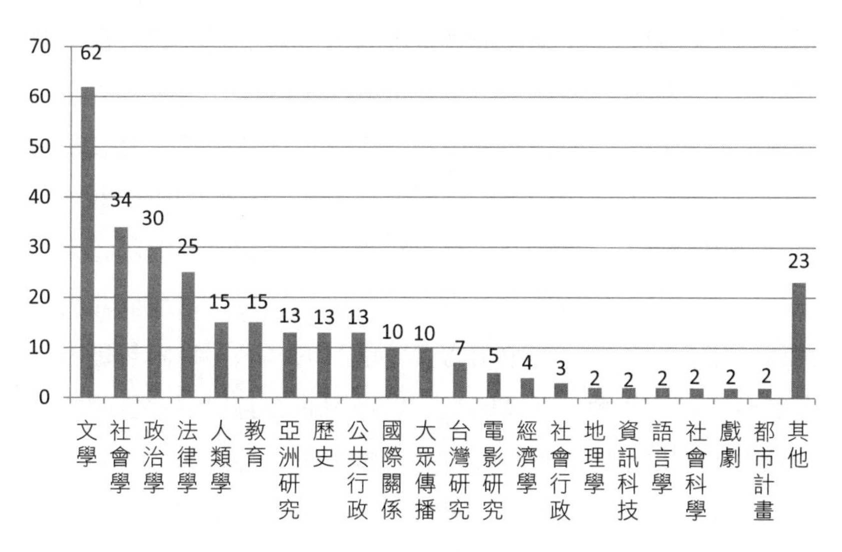

圖 6-5　2008 年到 2011 年各學門的論文數量

表 6-1　2008 年到 2010 年，主要學門提交論文數量的分項統計

	學 門	2008	2009	2010	總 數
A	社會學	14	7	13	34
B	政治學與國際關係	8	17	15	40
C	文學	19	20	23	62
D	歷史學	4	3	6	13
E	人類學與民族學	5	6	5	16
F	大眾傳播與電影研究	1	8	6	15
G	法律學	9	8	8	25
H	亞洲與台灣研究	9	7	4	20

科學界接受的領域，從而在招收台灣留學生，或培養美國學生從事台灣研究時，文學領域獲得的資源也較其他領域豐富。從研究議題來看，台灣文學（主要還是以華語創作為主）的代表性占據特殊地位。即便研究中國文學，也很難否認台灣文學的地位。在美國研究中國文學的學者從夏志清以降到王德威，無不相當重視台灣當代華文創作，可見一斑。此外，國內各大學陸續成立台灣文學研究所，培養出的研究生也經常投稿北美台灣研究學會的年會，累積出國發表論文的經驗。這固然是因為北美台灣研究學會，是美國唯一以台灣研究為成立宗旨的學會（拉力）；也是因為台灣高等教育轉向量化評鑑後，學者和研究生為求國外發表記錄，以利升等、申請計畫或取得學位（推力），一推一拉之間，會議論文數額便迅速增長。歸納來說，

隨著文學領域的台灣研究在美國學術界的建制化；在國內設所的普遍化；加上學術評鑑機制的獎勵，造就了這段期間文學類會議論文數量迅速成長。同時，連續兩屆的論文獎也是由文學和文化研究領域的研究生獲得。

文學和文化研究論文的大量出現，可能也和所謂「軟實力」的競爭有關。在中國逐漸崛起的過程中，美國學術界對台灣的政治經濟發展逐漸失去研究興趣，但在北京舉辦奧運前，中國也還沒在美國的一流大學廣設孔子學院。[4] 台灣在華語文的推廣和華文文學創作的研究上，仍保有一定的影響力。但隨著中國漢辦的勢力逐漸擴張，是否改變台灣研究中的文學鼎盛現象，需要更進一步的觀察。

四、結語：只緣身在此山中

成立於 1994 年的北美台灣研究學會，到了 2004 年屆滿十年。在 2004 年到 2010 年這段轉型階段，北美台灣研究學會面臨許多重大的挑戰。一方面組織成員仍舊多半為研究生，欠缺

[4] 第一家孔子學院於 2004 年設立於韓國首爾，美國的馬里蘭大學於 2005 年首先設立美國的第一家孔子學院。但要到芝加哥大學於 2009 年設立孔子學院，並引起校內教授（如人類學家 Marshall Sahlins）的強烈反彈後，孔子學院在美國主流大學的影響力才獲得重視。

助理教授以上的學者參與，另一方面隨著中國經濟實力崛起，中國研究成為北美人文社會科學界重視的領域，台灣研究的空間越益不受重視，反映在就業市場上更是如此，幾乎沒有任何美國大學系所，對以台灣為研究主題的人文社會科學博士感興趣（2008 年創設的「就業面談」遭遇挫敗即為一例）。一如本書其他作者所強調，北美台灣研究學會成立之初，正好面臨第三波民主化的浪潮，美國社會科學界對新興民主國家的轉變抱持諸多興趣。台灣作為第三波民主化國家，自然也成為比較研究的關注對象。然而隨著民主鞏固，台灣的政治社會日趨穩定，經濟發展亦到了瓶頸。同時，台灣研究的主題隨著島內政治的變化，逐漸從早期的民主轉型、政治認同或台灣主體意識，轉變為政治貪腐、經濟衰退、社會運動和民進黨政府的關係，或者是社會現象的文化研究（如《海角七號》引發「國片復興」）。在這個階段，「中國因素」尚未成為影響台灣研究主題的重要課題，但台灣在各個「帝國」夾擊下的去從依止，始終是縈繞不去的關懷。

透過親自參與，我們觀察到原先以「台灣主體性」為出發點的台灣研究，在這段期間似乎遭遇瓶頸，無法找到更細緻，甚至具有開創性的研究議題。不斷重複高喊「台灣主體性」的台灣研究，則被質疑是政治的附庸，無論在國內或國外，均被視為民進黨政府的意識形態工具。例如在西雅圖年會時，本會的學術顧問，華盛頓大學人類系教授 Stevan Harrell 就質疑，台灣研究的學者是否在「自我被害者化」？在民進黨當家作主時期，究竟為何，以及如何繼續強調台灣主體性？台灣研究除了這個口號，還有什麼共同的主軸？除了訴諸台灣人的悲情，台灣研究的驅動力究竟為何？無不遭到質疑。此一時期在社運領域最受矚目的「樂生運動」，亦帶動年輕學生和學者深入批判民進黨執政下的各種政治社會問題。這些來自國內外的批評和刺激，正好創造新的契機，讓北美台灣研究學會可以漸漸成為一個獨立於政治立場外的學術研究平台。

從組織面而言，受限於學會的組織型態以留學美國的研究生為主，長年來並無常設辦公室，連銀行帳戶都無法隨會長交接而順利更換，網站功能也十分貧弱。因此，北美台灣研究學會的數位會長和幹部群，在這個階段耗費許多心力，嘗試讓學會更專業化。但是，過去遺留在較資深學者心中的「業餘」形象，不可能一夕之間轉變。這段期間的努力，包括：申請為正式的非營利組織；增加顧問團；舉辦年度最佳論文獎；邀請北美大學出版社舉辦書展；嘗試為當年進入求職市場的研究生舉行面談（job talk）；邀請非台灣研究的美國人文社會科學學者來擔任主題演說人，讓他們接近台灣研究，希望藉此接觸到（reach out）更廣大的美國資深學者。

在「中國崛起」和「民進黨政治扈從」的兩面夾擊下，這一階段的北美台灣研究學會，一方面要處理內部組織專業化的挑戰（尤其是要收拾2006年聖塔克魯茲年會後的殘局），另一方面還是必須回應「何謂台灣研究」的問題，才能面向北美而發聲。在追求學會專業化和學科建制化時，我們也意識到台灣研究作為一個具體研究領域，是否會出現「典律化」的話語霸權？畢竟這個領域如何自我定位，也和台灣在政治上的自我定位息息相關。或許這也是為何北美台灣研究學會的參與者，一直感覺這個組織不斷散發強烈的「認同危機」。這種受到政治認同影響的定位，終究和專業學會的想像背道而馳。一個專業學會不應該指向一個固定的自我認同，反而應該充滿各種不同的學術交鋒。但是，台灣研究會不會在不同學術交鋒下，反而讓「台灣」消失？台灣研究和台灣的關係是什麼？在北美洲推廣台灣研究，究竟是學術活動還是政治運動？這些問題恐怕從北美台灣研究學會創始之初就已經存在，即便進入第二個十年也未見消散。或許，這也是這個學會最誘人、卻始終讓人不解的重力所在。

第7章

遠距溝通下的革命情感

NATSA學術語言的世代差異

李宜澤

國立東華大學族群關係與文化學系助理教授

NATSA 2010 第16屆會長

一、導言

從 1995 年以來，北美台灣研究學會在北美地區台灣留學生的心目中，一直扮演學術同學會般的角色。不同時段的留學生對學會的參與與認同程度各異，但同樣都是思考如何在一個缺乏學術市場的環境裡，打開台灣研究的空間。NATSA 在篳路藍縷的環境中，提供社會科學與人文學科的博士班學生與年輕學者（有時候還包括工程學科與自然科學的參與者）針對不同時間台灣所面臨的議題，以及政治環境變遷的挑戰反思，進行討論思辯甚至論爭觀點的舞台。這個舞台的搭建來之不易，不同時期也有它的階段性任務。在這篇回顧裡面，我主要呈現參與 NATSA 發展的第二個十年所感受的心得，來回應當學會已經形成固定活動型態時，常見的互動模式以及困境。同時針對學術社群語言使用與溝通上的觀點進行回顧分析，主要分為三個層次討論：一，在北美學術環境使用研究語言以及討論場合上的差異；二，「台灣研究」作為一個學科發展，在第二個十年之間所見其領域潮流的改變；三，台灣研究在「台灣為何重要」（why Taiwan studies matter）觀點上的轉變。最後我以 NATSA 所發展出來的台灣研究多元層次的論述，作為對第二個十年發展的結論。

二、遠距溝通下的默契：從學生生活到學術社群

與北美台灣研究學會第一次接觸，是 2001 年在西雅圖華盛頓大學的會議現場；學會成立之初的草創成員逐漸完成在美學業，開始回台擔任教職。當時我初到美國在碩士班就讀，沒有任何來自學校參與會議的補助。但 NATSA 與其他大型會議不同的地方就在於，除了作為年輕學生參與會議的場合外，同時還有適量且重要的旅費補助。在一次聚會中，當時的會長辜千祝博士，鼓勵我把一部分書寫中的英文碩士論文，投稿到 NATSA 並獲得接受，於是開始了與 NATSA 的關係。記得那次會議還跟後來成為網路名作家，當時在西雅圖華盛頓大學就讀的「廚房人類學家」莊祖宜同場次發表。會議評論人是由當年會議場址所在大學的相關科系教授，或是資深的博士候選人擔任。當時所有的與會發表人及學會幹部，一起住在西雅圖華盛頓大學的大學部宿舍。第一次見識到台灣研究在美國的模式，原來這麼像「家庭手工業」。後來慢慢知道，NATSA 沒有固定的工作人員及所屬學術機構，所以除了會議準備工作由學會幹部成員包辦外，還有許多方式也與正式的學會會議有些不同，但也創造出特殊的台灣留學生文化。

會議本身除了討論當年與台灣相關的各類議題，還要進行學會幹部選舉；而因為學生性質相近，同時也交流了台灣學人或同鄉在美國社團的消息：例如以女性台灣留學生為主的「台

灣查某」，還有台灣人公共事務會（FAPA）的報告與活動宣傳等。NATSA 早期有許多成員是「野百合學運」的參與者，在美國就讀時與台灣自決與倡議社團較為熟識，而我並非學運出身，許多社團是在參與這個學會後才慢慢了解。這些同鄉與事務的背景，使會議本身有如小型台灣人社團；加上早期 NATSA 開會時，都是由會議籌辦者統一申請學校宿舍或住宿空間，大家晚間也多半想交流對不同領域與台灣議題的心得，於是就請在地學生到附近超市買上一兩手啤酒，在宿舍裡邊喝邊聊，互相交流自己的研究背景和在美心得，整個會議很像以台灣研究為主題的博士班夏令營（summer school）。

每次舉行會議，在地台美人社團都會提供非常熱情的招待。在我參與過的會議中，常常看到非學生的旅美僑界人士，前來聆聽有興趣的主題；甚至主動聯繫會議籌備組織，安排在當地的餐廳宴請與會學人等。僑界有許多不同色彩的社團，即便 NATSA 本身的運作跟任何僑界團體沒有直接關係，但以「台灣研究」為名，很容易被視為立場偏向某些特定團體。令人感動的是，台美人社團都會主動關切，提供協助的資源與場地訊息，使 NATSA 在只有分布各地的學生網路與組織籌備活動下，還能在當地舉辦專業會議，甚至邀請重要的大會主題演講人。在第二個十年左右，在台灣社會議題多樣性的轉變與討論台灣環境與各種社會問題的媒體發展下，NATSA 年會也開始在論壇當中選擇時段，放映當代台灣議題的紀錄片。台灣反核運動健將崔愫欣導演的核四議題紀錄片《貢寮你好嗎》，就是 2005 年在科羅拉多大學博德分校（University of Colorado, Boulder）的會議上，進行美國地區的首映。其後，台灣本地的重要紀錄片，在不同年份都有機會在年會會場放映，並且形成討論主軸，如探討老年社會的《不老騎士》，呈現原住民當代文化變遷的《阿美嘻哈》，以及討論台灣與中國年輕人在運動競賽表現國家認同的《台北京》，這是 NATSA 原來沒有預期，但後來收穫豐盛的部分。

NATSA 是以學生為主的學術團體，組織上有許多彈性之處。2003 年加入學會的行政組織時，網際網路方盛行不久，許多事務以電話聯絡為主。例如討論年度會議主題及論文徵募摘要，常常是由會長打電話聯繫兩個主要的幹部 Program Coordinator 與 Administrative Coordinator，然後由兩位以多方通話的方式，一個一個讓 Committee members 加入後，在電話會議中完成內容討論。當網路工具比較發達後，Skype 或 MSN messenger 成了多人同時聯繫的工具，email 也能傳遞大型文件，討論也變得多元方便。

年度會議準備過程最大挑戰有二：找到切合當時台灣議題與學術潮流的會議主題，以及選擇合適的會議地方聯絡人（local manager）。會議主題與徵稿說明通常都先由起草人提出兩三個想法，經過 committee members 投票決定，最後再由 coordinator 或會長做最後潤飾。主題會牽引年會論文的投稿，尤其是邀請主題演講者的內容，因此必須考量年會所在地的大學，能否邀請到相關議題的重量級研究學者。另一個會議的主要挑戰是選擇地方聯絡人。因為會議的繁雜事務很多，學會幹部又是分散在不同地方的留學生，地方聯絡人就身兼會議場地勘查，在地支援留學生組合，聯繫外地幹部，接待邀請學者等等重要任務。出於地方聯絡人的重要性及困難度，依照 NATSA 早期的慣例，很可能就是下一屆的會長。但這也為學會帶來一些風險，地方聯絡人可能因溝通不良，讓與會者在現場找不到可以詢問的工作人員。作為學生幹部為主且沒有專職人員的學會，這樣的狀況難以避免，NATSA 第二個十年要從最初的革命情感社團變成專業學會，並不易超脫這樣的困境。

三、會議主題與學術交流設計

NATSA 的大會主題取向，從最初是民主轉型與社會變遷（History and Nationalism, 1995； The Politics of Ethnicity and Identity, 1996），接著是關心區域政治關係下台灣研究的差異性（Seeking Taiwanese Perspectives: Interdisciplinary Reflection and Dialogue, 2001）；對台灣社會多元呈現的文化現象的討論（Difference, Democracy, Justice: Toward an Inclusive Taiwanese Society, 2005）；對台灣政治轉型以及文化

地理層面上的再認識（Translating the Political, Re-envisioning the Social: What's the Next Turn for Taiwan, 2008），還有因經濟、政治與各類交流所形成的中國衝擊（China Effect: Securing Taiwan in the Age of Conflicts and Cooperation, 2010）。除了會議主題與各類論壇，學會也設計不同機制，讓與會留學生得到學術發展的經驗傳承與鼓勵。

2004 年在夏威夷召開的年會，特別邀請駱明正教授來談她甫出版的《疆界內的醫生：在殖民地台灣的專業性、民族性與現代性》（*Doctors within Borders: Profession, Ethnicity and Modernity in Colonial Taiwan*），以及荊子馨（Leo Ching）教授的《成為日本人：殖民地台灣與認同政治》（*Becoming Japanese: Colonial Taiwan and the Politics of Identity Formation*）。年會也在這一年開始進行台灣主題書展及「遇見作者」（Meet the Author）等類型活動。2007 年到 2011 年之間，學會也設置了與會發表人的「最佳論文獎」（Best Paper Award），嘗試以鼓勵修改論文精進的方式，讓發表人得到更實質的回饋。但是最佳論文獎的設置後來在評審過程中有些爭議：審稿過程中能夠得到評審青睞的論文，多半是文字使用優美且題材創新的類別，尤其是以英文書寫為基礎的文化研究論文；再加上送出外審，也難以掌握跨領域方面的評論標準，於是舉辦幾屆之後，在幹部投票同意下取消最佳論文獎。

另一項特殊的會議活動設計，是 2008 年由當時會長黃丞儀所提議的「Hermes 交流論壇」。這個交流活動主要的目的是，讓即將畢業的博士生以 20 分鐘的時間發表自己的研究主題，並且邀請相關領域並且甫取得教職的青年學者或者正在進行教職徵選的科系，來此地進行交流以及徵才的活動。但實際舉行的困難是，許多打算在美國尋找教職的博士生，其實都需要在自己的區域興趣（也就是台灣研究）之外另外再加上其他的專業項目（例如學科特殊表現以及比較研究等），才能夠得到聘用科系的青睞。這是台灣研究作為區域研究小型題材在美國的整體處境，也是學會整體發展困境。後來 Hermes 媒合論壇只舉行一屆就告停止。這個設計無法進行的現實，似乎已經反映出台

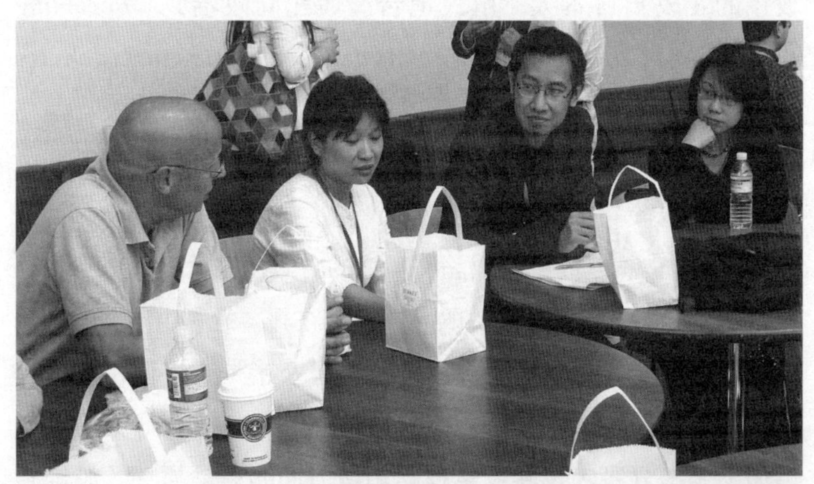

圖 7-1 2008 年西雅圖華盛頓大學會議舉行的「台灣社會變遷與環境議題工作坊」。參與者由左而右，包括 Steven Harrell、戴伯芬、侯志仁及廖桂賢等人。

灣研究在美國學術版圖上「邊緣化」或「破碎化」的現象（請參考本書作者之一楊孟軒所著〈改革、耕耘、蓄勢待發：邁向北美台灣研究的第三個十年〉一文）。

在學術交流上，NATSA 會議除了提供北美台灣留學研究生與年輕學人交流的機會外，也提供與資深學者對台灣研究的經驗進行交流的重要場合。這樣的交流形成學術對話的多元火花，一方面資深學者藉由年輕學人的觀察重新反思當年把台灣當作「小型中國社會」的精確性和有效性，另一方面也藉此思考台灣研究的學術位置（academic location）。這樣的學術對話除了每年會議的論文集冊之外，至少還出了正式論文合集，分別是：高格孚主編的 *Memories of the Future*（2002）以及魯賓斯坦主編的 *Taiwan: A New History*（2007）。這兩本書從台灣的主體歷史與政治環境角度來討論國家認同與社會發展脈絡，以台灣作為整體事實（total fact）的角度來論述，試圖擺脫自由中國與華人文化實驗室的角度，且都是在 NATSA 第一個十年中發表的論文。但第二個十年以來，NATSA 會議中對於台灣在文化研究，流行文化，媒體現象，多元文化與語言等方面發展所呈現的論文，難以用一個「對比性主體」（comparative subject）的角度來論述，也因此不容易集結成為區域研究類型的書籍，成熟的文章多半以單篇論文出現在其他論文合集當中。這方面的學術市場以及論述轉變，也成為北美台灣研究學會前後十年在會議論文徵集與會議主題的選擇上最主要的不同。

「北美台灣研究學會」橫跨十七年的運作，一直受到黃煌雄先生所主持的「台灣研究基金會」所支持。黃先生大力地以個人理念和影響力，為 NATSA 募集資金或者提供申請經費的管道，在每位學會幹部的心目中都印象深刻。黃先生也每每在他能出席北美會議的時刻與學子們共襄盛舉，並且不斷在會議開幕時對參與者強調，台研會作為 NATSA 的「母體與載體」的關係。2006 年在加州大學聖塔克魯茲分校的年會，因為現場教室設置分散與特殊的校園地形，與會的朋友缺乏聚集互動的機會，甚至在會議結束後還沒辦法選出會長，NATSA 幾乎面臨停擺的命運。幸而次年於威斯康辛大學麥迪遜分校舉行會議時，後來接下會長職務的高慧婷極有效率動員台灣同學會及個人資源，使會議的舉辦又回到許多學者匯聚一堂的盛況，讓黃先生印象深刻，得以繼續與台灣研究基金會維繫贊助關係。但以「認同台研會」延伸出來的會議模式，和獨立自主的學術社團有潛在的衝突。NATSA 第二個十年後半段的運作，不時出現這兩種需求的擺盪，也為台灣研究能見度不足，無法取得足夠的學科論文投稿傷神。為此學會進行了對應的改變：例如在論文徵集方面取消學科作為論文摘要的審查標準，而以主題式的徵稿分類邀請不同學科的審稿人進行摘要初審；在資金募集方面，籌備初期先不以台研會為會議補助申請對象，而是嘗試向不同單位直接申請補助與募款。雖然這看起來是北美台灣研究學會的「後台」活動，但實際上也對應於北美以至於歐洲學術界在台灣研

圖 7-2
NATSA 2007 會長高慧婷與黃煌雄先生合影。2006 年到 2007 年時，NATSA 曾一度面臨無以為繼的情況，幸賴會長高慧婷的投入，使會議舉辦恢復昔日盛況。

圖 7-3　2007 年於威斯康辛麥迪遜大學舉行，黃煌雄先生與林毓生院士蒞臨開幕活動。

究極少的舞台現實，反映出「台灣研究」整體的轉變與需求。接下來我針對台灣研究在北美台灣研究學會的平台上，形成世代差異的轉變進行討論。

四、誰來與會？NATSA 平台的意義與世代差異

從 2000 年之後的參與觀察，北美台灣研究學會不再如初創之時，主要作為發展台灣政治與社會現象的後解嚴論述，或者是對應在北美學術社群中台灣經驗反芻與研究意義的交流場域。2000 年因為台灣政治生態裡第一次的政黨輪替，對台灣研究論述在國內或者國外的正當性都提供強力的動機；李登輝總統最後一個任期啟動的「社區總體營造」政策，也提供了台灣研究在「族群議題」以及「社區發展」方面更為直接的連結。這樣的發展一方面將台灣研究從歷史演進式的政治議題推向社會轉型與文化混雜性的分析，另一方面則讓台灣本地學者與國外留學生或者學者藉由 NATSA 平台，針對台灣研究的多重性質進行當代議題的發展。NATSA 因此成為連結過去政治民主果實以及新興台灣認同形式以及社區發展議題，在地理範圍外進一步論述的「學術飛地」（academic enclave）。也因為這是個在美國進行台灣議題交流的飛地，與台灣學術界的時間略有距離，但因此得以沉澱並且與國外議題比較。2005 年開始，

台灣之外的台灣研究會議已經有四個左右，分別是 1995 年成立的 NATSA；1997 年成立以南卡羅來納大學為機構的 Taiwan Studies Program；1998 年成立的日本台灣學會；2004 年成立，以 SOAS 為機構的歐洲台灣研究學會。這幾個機構當中，只有 NATSA 是由學生為運作幹部的學術社團。雖然歷史較久，但是在運作方式與資源上，漸漸落後於前述的其他三個學會。

與其他三個學會組成性質的不同，NATSA 年會論文投稿的參與者實際上就是學會的主要會員，也是自願幹部的來源。雖然資源上不及於其他三個學會穩定，但是因為早期學生互相聯繫以及與其他台灣學生會以及議題組織的聯繫，使得 NATSA 能夠維持一定的投稿數量以及參與人數。

然而，有兩個主要問題使 NATSA 無法從學生議題社團完全轉型為學術社團：其一，NATSA 沒有固定的出版品，也因此缺乏固定與學界聯繫的管道。雖然在 2008 年左右，學會在幹部的推動下與美國亞州研究年會通訊（AAS News Letter）連結，定期發布 NATSA 年會徵稿與當年度特殊發展的消息，但沒有固定的學會英文出版物（台研會收集了每年研討會的論文集，但不算正式發表），與學界的關係無法持續而略微疏離。其二，博士班留學生組成學會幹部而形成的流動性，使學會的規則與設計因每年不同的幹部風格，以及會議舉辦方式的實際限制，而無法持續評估進行。前面所談的一些年會舉辦時的活動，設計之初都有良好的初衷。如何使這些辦法能持續演變，並協助留學生與正式的學術圈對話，缺乏固定學術基地與固定幹部（比如至少兩位在美國任職的年輕學人維持三年來運作），讓NATSA 一直無法「轉大人」。

隨著 2000 年後的第一個十年間，到美洲地區就讀人文社會科學博士班人數減少，從徵稿來源上發現，討論議題重心漸漸從與美國東亞研究或者台灣研究傳統對話，轉移為對台灣新興文化現象的快速報導與詮釋。這個轉變其實並不令人意外，但難以形成長遠的討論空間以及學術論述戰線。另一方面，因為各地區的台灣研究機構穩定成形，也影響了從歐洲、日本、澳洲或東亞其他地區來投稿的研究者。2007 年到 2009 年之間，學會幹部當中還有一位越南籍的史丹佛大學研究生，一位中國籍的柏克萊大學博士生，以及各個時期的美國籍台灣研究博士生，但除此之外，NATSA 的向外聯繫管道，都因為沒有專職的幹部而難以達成，比如與 AAS 建立長期出版合作的可能，或者在大學出版社固定選擇論文集出版。2010 年以後更常見得是台灣的碩士畢業生來年會發表，雖然是值得鼓勵的場合，但一來這些發表的觀點不容易與美國學界特定學科內關注的議題對話，二來也難以將台灣參與者轉換為在北美洲運作學會的幹部。這些是 NATSA 在學會使命、議題觀點與學術連結等層面，第二個十年與第一個十年的「世代差異」。

五、說給誰聽？美國學術界的區域研究反思

NATSA 會議的主題設計，在2005年左右有所轉變，試圖讓「台灣研究」模式成為一個比較平台，嘗試開啟不同議題，不必以台灣的發展軌跡為唯一的討論內容，例如2009年的 “Locating Taiwan: Space, Culture and Society” 是以環境與空間設計議題為軸。2010年的 “China Effect: Securing Taiwan in an Age of Conflicts and Cooperation”；2011年的 “The Trajectory of Taiwan in a Global Context”；2012年的 “Taiwan: Gateway, Node, Liminal Space” 等議題，都希望以台灣的角度為比較平台，探討在東亞地區以至於太平洋地理政治區間，從殖民史到民主與社會改革經驗，以及多元文化以及經濟轉型等等問題，重新思考台灣研究應該如何被理解而可以對應於全球脈絡裡的相似區域地理或者歷史問題。

這幾次的年會當中邀請的 Keynote Speaker 除了美國學界的「台灣研究專家」（例如 Edward Friedman、Murray Rubinstein、Thomas Gold、Stevan Harrell 等人），也開始邀請台灣研究中所重視的批判領域翹楚來擔任。從2005年的史書美；2006年的 Lisa Rofel；2007年的 Ann Stoler；以及2008年的 Peng Cheah，談論的問題從「華人書寫圈」的文化分析脈絡，台灣國族研究的跨區域與性別關係，帝國邊緣下的後殖民遺緒，以及地方文化與中國治理與境的批判等等。與 NATSA 第一個十

年裡進行台灣研究的國族認同動員和發展軌跡討論相比，在第二個十年更重視的，是漸漸從單一地理位置與歷史文化的描述分析，轉移到對區域研究的批判與多元文化比較觀點的深化。

從區域研究的「學術語言」在學界的認同角色出發，台灣研究在美國東亞研究的圈子裡從早年的中國社會代理人角色，1970年代的經濟依賴與政治侍從模式的四小龍範例，到1980年代末期以解嚴以及民主改革與社會運動飆升，以及1990年代後環境衝擊，社會正義與文化議題於不同程度的交纏，反應出不同的學術興趣融合在台灣這個區域地理上，也衍生出學術興趣逐漸推移的語言變化。在NATSA第二個十年後期，論文摘要已經無法由學科分類的方式來徵稿與審查，而是以主題來邀集。而審稿人由當初各學科的coordinator自行尋找助理教授以上的同儕審查者，改變成由整體委員會（committee）推薦數個主題並且尋找相關合適的審查者來進行審查。不過在審查過程與形成panel的過程中，仍然會因為技術問題而造成困難。例如某些主題在台灣可能仍然很熱門（比如網路社會運動現象），但是在美國不容易找到相關的人來討論或者更進一步評論。早先因為審稿制度並非透過電子表格傳給審查人，而是由各學科負責人分別處理，在過程中可能造成個人偏好的效果。而後期投稿發表者當中，研究生（甚至碩士班學生）的比重漸漸偏高，也造成在會議現場與其他學者討論深度不足，甚至沒辦法以較深入的英文進行討論的困境。

年會的另一問題是「發表語言」的使用方式。早期年會中可能會有的語言問題是，有些特別的語言學者，以漢語羅馬拼音的文字書寫台語或者客語論文，這種情況下只有特定的聽眾才能夠了解其中的內容與討論。迫使學會幹部委員會決定，可以接受台灣土地上使用的各種語言文字的投稿，但是投稿時也必須指派能夠閱讀這類稿件的審閱者，而會場交流時的要求是在年會口頭報告時，需要以英文做口頭報告（簡報檔案呈現也允許以特殊拼音文字製作）。這樣的語言政策到了第二個十年的後期，反而形成表現方式過度內縮的問題：年會投稿者可能在投稿過程中只以中文書寫論文，附上英文摘要，甚至最後在年會現場也沒有準備英文講稿，而直接以中文做口頭報告。這類問題以台灣出國開會的碩博士生居多。相對於出外留學的人社博士生越來越少的情況，語言使用的保護策略衍生出來的自我說明，成為後來會議規劃上交流的障礙與缺陷。然而語言使用的現象，與對於相關文獻的了解與分析的能力有絕對關係。以非中文方式來思考台灣的社會與文化現象，其實正是幫助書寫者重新拆解所見到的文獻以及現象，而發展新的論述理路。NATSA 的學術貢獻，除了台灣研究本身被轉移的區域政治之外，如何讓不同語種的參考資料成為台灣研究跨越區域交流的常態，應該是對與會者另類重要的提醒。

第三個在學術語言是台灣研究的重要性，以及在美國發表的台灣研究意義為何？ 這個問題也可以換句話說：到底當代的台灣研究是說給誰聽的台灣研究？這樣的問題不是修辭上的詭辯，而是在不同學術語境以及學術空間的學會參與者，都切身感覺到的差異。實際上從 NATSA 不同年代的跨領域論壇場次裡，這樣的問題都常常可以見到。2004 年在夏威夷的年會中我主持一場「音樂與認同」發表場次，論文發表人加州大學聖地牙哥分校的音樂學系副教授 Nancy Guy 就以分析台灣歌謠《雨夜花》和阿美族長者郭英男的《飲酒歌》音樂現象的兩種語言論述，討論台灣意識中的兩種範疇。一個是島國殖民與流亡，一個是南島文化復振。這兩種範疇在不同的文化形式中以不相

圖 7-4　2004 年夏威夷大學會議中「台灣音樂之情感主體與流變」場次，發表人為加州大學聖地牙哥分校民族音樂學系 Nancy Guy（照面中間者），以及陳瓊琪博士（照片左方）

干涉的持續再生產衍生。但是當要討論如何代表台灣音樂的時候，兩種語言（或者音樂文化形式）的權力差異就會出現。這樣的差別似乎會折射在離開台灣本地的台灣研究活動：怎樣的主體位置才能代表台灣音樂文化？一方面要論述台灣文化政治的轉折，一方面要接壤在美國學術界的討論方向。這樣的意義定位之論，也反映出台灣研究在歷史過程中與他者對比後，形成差異與衍生論述能力的缺乏。除了日本殖民經驗遺緒的論述，美國政經操作的戰後延伸，以及對中國政經與族群議題的觀察對比之外，台灣研究如何對自己的區域地位產生新的意義？當代台灣一直在文化展演以及政治立場中提示的「南島海洋文化」角度（比如在不同場合都可以見到的台灣文化週的原住民表演），卻沒有在台灣研究的場域裡對多層次起源的文化認同論述的重視，更不用說後來因為外籍配偶與勞工幫傭議題才出現的東南亞連結。對於台灣研究學者來說，在北美洲以英文書寫所論述的台灣研究，到底是把自己當做代言人向著區域學術政治發言，還是能夠對台灣作為學術生產平台的空間加以反思批判？是因為當代台灣對多元文化的高舉其實缺乏實際跨界（不論是社會層面或者學術界交流）的參與經驗，還是台灣研究成功地成為國族符號後無法重新拆解的自我本質化，抑或是經濟與政治在國家發展的過度重視下面對自身文化多樣性的排斥？原因可能有很多，但是現象的觀察是，在美國學界的台灣研究表現，仍然相當程度地成為區域政治代理人以及戰後文化經驗結構下的消費者。這部分在我所參與過的幾屆 NATSA 年會中，始終沒有看到比較有力的反省與對此著力的研究觀點。

六、代結語：台灣研究的多元層次

經過兩個十年，台灣研究的需求已經不同於「北美台灣研究學會」最開始成立的樣貌；當初台灣研究作為對內收斂的社會改革與國家認同策略，也已經轉變為對外吸納的多元文化與東亞邊際（在邊緣也在之間）的區域批判範疇。在這樣的改變之下，我認為以 NATSA 的組成背景可以形成三個層次的台灣研究。首先是台灣研究作為實質內容研究（Taiwan Studies as facts），這些以各類社會資料的實證內容研究分析，人口語言之地理與歷史資料研究等類型都可以見到。以台灣本地在歷史縱深與地理關係之間，所探究的實質問題並且加以組織為「台灣研究的內容」。第二個層次，是台灣研究作為區域批判的研究（Taiwan Studies as critical area study）。當台灣研究作為與其他相似發展，或者地理位置關係相近的地區比較時，所產生出來的象徵意義與反思。人類學，社會學，文化研究，文學與性別研究等，到目前為止年會論文都在這個層面上有許多發展。第三個層次，在目前的台灣研究當中比較少見，那就是台灣研究作為框架平台的研究（Taiwan Studies as framing platforms）。所謂的框架平台研究，約略可以從台灣研究作為一個論述主體的可能性來談。美國學術環節所分類出來的亞洲意識回流與美國內在亞洲化的亞洲研究裡，台灣研究到底佔有的地位為何？如何把台灣作為東南亞之一，作為大洋洲之一，作為離散華人之一，以及亞洲當代文化之一的多樣性，在這個具有符號學意義的平台上重新理論化，如陳光興的「去帝國，亞洲作為方法」。台灣研究的下一個十年，或許可以建築在已經在前兩個十年進行的實質研究與象徵研究成就裡，進行第三個十年的開展與想像。北美的台灣研究，不應該只是對於區域政治的分類，或者是中國崛起的抵抗和對照；下一個十年的台灣研究將要如何展開？也許可以從思考如何在不同時間點的北京，沖繩，或是馬尼拉，看到與台灣的關係（而不只是界定誰是誰的內地）開始。北美台灣研究學會從同學會的砥礪情感出發，期待她建制化地成為常態學術社團之外，更想透過對二十年來不斷在這裡發想同時向外發聲的研究生的生命歷程，成就堅實卻又能柔軟並蓄的台灣研究舞台。不只在北美開花，也在世界上的其他地方結果。

參考文獻

Corcuff, Stéphane ed., 2002, *Memories of the Future: National Identity Issues and the Search for a New Taiwan*. London: Routledge.

Rubinstein, Murray ed., 2007, *Taiwan: A New History* (East Gate Books). Routledge.

陳光興，2006，《去帝國：亞洲作為方法》。台北：行人出版社。

第 8 章

對台灣研究“So What”問題的深思

從北美學術市場結構反省 NATSA 發展策略

謝力登
布朗大學人類學系博士候選人
NATSA 2013 計畫委員會長

梁志鳴
台北醫學大學醫療暨生物科技法律研究所助理教授
NATSA 2012 第 18 屆會長

一、永不間斷的危機感

「如果是這樣的，那你們還不如稱呼北京為你們的首都！」2010年在加州大學柏克萊分校舉辦的第16屆北美台灣研究學會年會，一位外國籍台灣研究者在最後一場活動，提出這樣一個挑釁反詰的問題。她會這麼說也許是覺得當年的年會主題“The China Effect”（中國影響），帶有一種比較宿命論的色彩，表現出北美台灣研究學會的自我懷疑甚至危機感。當她提出這個問題時，北美台灣研究學會2013年年會議程設計組組長，當年以論文發表人身分出席的謝力登（Derek Sheridan），看到一位美國籍台灣學生認同地點頭，其他許多與會者也有類似的反應。

事實上，這種宿命論或台灣研究正面臨危機的心態，是謝力登參與北美台灣研究學會這幾年，在年會設計時常被反覆提出的主題。例如，2012年於印第安納大學布魯明頓校區（Indiana University-Bloomington）舉辦的第18屆北美台灣研究學會年會，就設計了一場名為「台灣研究是否已死」的活動。這場活動的靈感，源自資深台灣研究學者魯賓斯坦（Murray Rubinstein）教授於美國亞洲研究學會2011年年會所發表的同名演講。學會幹部對於台灣研究面臨危機的憂慮，某種程度上呼應了台灣社會本身的變化。2008年政黨輪替以來，快速變遷的兩岸關係，使不少人開始深思台灣的未來；而對研究台灣有興趣的台灣籍或外國籍年輕學者，也約略在同時公開討論「台灣研究」作為一個學術領域，究竟指涉什麼樣的研究社群？而這個社群究竟還存在多少發展空間？

二、北美學術市場結構

這個問題的答案，每個人有不同的切入視角。受人類學訓練的謝力登對這個問題的思考，是將「台灣研究」這個學術領域或研究社群，理解為一種多層次的生活實踐，也就是台灣研究此一概念，除了涉及知識層次的生活實踐（台灣研究作為純學術研究）外，也包含政治層面的生活實踐（通過知識生產提升台灣認同）、社會層面的生活實踐（在世界學術市場的結構下，追求學者個人的生涯發展），以及情感層面的生活實踐（透過研究台灣，凸顯研究者對台灣這塊土地的關懷）。

從這種多層次生活實踐的角度來思考，過去幾年學會幹部對台灣研究的危機感，或許不純然只是因為兩岸關係的變遷；也不（僅）是因為迅速崛起的中國成為北美學界研究的優先對象，排擠了北美學界對台灣的研究興趣。另一個也許更重要，但較少被公開談論的原因，是美國學術界的市場結構本身已經發生變化，影響了北美新進台灣研究者追求社會層面生活實踐的可能。比如，北美台灣研究學會早期的創始目標，是使台灣研究能成為區域研究（Area Studies）中，一個外於中國研究

（China Studies）的獨立研究領域。然而北美的區域研究有其冷戰的時代背景。隨著冷戰時代的結束，區域研究在美國學界的影響力也逐漸縮小。影響所及，今日的新進台灣研究學者，事實上是面對著一個已經飽和甚至臨時工化的學術工作市場。

若從學術市場結構的角度來觀察，那麼對台灣研究發展空間的討論，就不再只是一個純學術、抽象概念或理論層次的思辯，而也是一個攸關研究者自身職業發展前途、有其物質性內涵的問題。對於這個問題的回答，牽涉到對其背後社會結構的理解，以及需要組織、財務的支持。若套用皮耶．布迪厄（Pierre Bourdieu）（1993）的理論架構，台灣研究學者需要理解到「台灣研究」作為一個研究領域，其實同時與多種「場域」（或市場）進行互動，有著複雜的政經背景。這些場域包括學術場域、政治場域、與經濟場域，而不同場域之間又時常有所矛盾。

舉例來說，台灣學術市場這兩三年其實創造了一些對台灣研究的新財務資源供給（比如蔣經國國際學術交流基金會，以及中央研究所台灣史研究所的贊助）。然而在同一時間，北美區域研究的發展卻往相反的方向發展，對台灣研究的發展造成了諸多困難：首先，北美的學術市場，尤其是社會科學，越來越強調各學科的方法論（research methodology）。若不能在方法論上有很好的掌握，那麼，即便研究者對某區域（例如台灣）有著深入的專門知識，但在求職市場上將遠不若具有嚴謹方法論能力的申請者吃香（這尤其在政治科學領域最為明顯）。其次，北美大學校園的科系預算有其限制。此時，如果一個人類學科系希望招募一位能夠講中文的教授，那麼研究中國的學者將會比研究台灣的學者具備更高的競爭力。這與學生的訴求有關，北美大學普遍喜歡可以教「中國」文化的教授，而台灣要不是不屬於這個中國的想像，就是在其中居於次要的地位。

三、謝力登的個人經驗

以謝力登為例子，他一開始在芝加哥大學攻讀碩士時，雖然對台灣有興趣，卻沒有作「台灣研究」的明確意圖。對謝力登來說，他的起心動念只是想要作有趣的人類學研究，而剛好選擇了台灣作為他的研究對象。這不只是與他在台灣住過有關，也是因為他對「帝國」跟政治文化有興趣，而台灣的歷史經驗挑戰了他對這兩個議題的既有假設。

但在過程中，謝力登發現「台灣研究」在美國學術界有著一些負面的名聲。當謝力登在介紹他的研究時，雖然他很少明確使用「台灣研究」這個詞彙，但他的一位指導教授直接警告他應該避免所謂的「台灣研究」。這個以中國為研究對象的人類學教授以她自己認識的一位同事為例告誡謝力登，雖然她的同事學歷能力都很不錯，但就是因為作台灣研究的關係，因此最後只能在美國中部一間「沒沒無名的大學」當教授（謝力登當時心想，至少教授的同事還找到了工作！）。另一位謝力登的老師更直接譴責台灣學術界太過政治化，他批評台灣學者要不是反映國民黨的意識傳統，就是堅定表現台灣獨立的意識形態，要謝力登敬而遠之。在當年加州大學柏克萊分校年會裡，Sandrine Marchand 也分享過類似經驗，描述她的同事強烈質疑她選擇台灣為研究對象的重要性；但 Marchand 仍祝福台灣留學生，如果沒有台灣，就沒有她愛的研究空間。

謝力登當時還不確定是否繼續攻讀博士班，很多老師告訴他，美國學術工作市場十分競爭，很難找工作，更別提台灣研究者，偏偏他又有結婚的規劃，因此教師對台灣研究的評語，帶給他很大的壓力與煩惱。謝力登以前覺得生涯發展和學術研究應該截然二分，前者很麻煩（市儈），若考量太多會干擾後者的空間。然而，謝力登在芝加哥攻讀碩士期間，深深了解到兩者之間其實關係密切，研究者無法輕易將兩者分開。後來，當謝力登真的坐下來準備博士班申請文件時，學術價值早已不是他在思考是否該選擇「台灣」作為研究對象時的唯一考量。

四、2011 的那封電子郵件

帶著這樣的個人經驗，謝力登後來成為了北美台灣研究學會的籌備會成員。因為北美台灣研究學會是一個研究生組織，因此參與者對於學術與求職這兩者之間的關係相對敏感。2011年匹茲堡大學（University of Pittsburgh）年會會後，當時剛當選 2012 年籌備會會長的的梁志鳴向當時的幾位主要幹部（包括謝力登）寄送了一則電子郵件，發起了一個討論串。這個討論串主要牽涉兩個議題：第一個議題是關於如何界定「台灣研究」。第二個議題則是關於未來如何界定北美台灣研究學會的任務。

在那個時間點，參與討論者對這兩個問題都沒有明確的答案。大家唯一明確知道的，是台灣研究雖然橫跨不同學科，但參與這個領域的研究者都關心台灣，每年都願意來年會分享他們各自的研究，彼此交換想法。魯賓斯坦在 2012 年年會中也提到類似的想法。魯賓斯坦在哥倫比亞大學其實有開授中國研究課程。他認為，北美台灣研究學會年會，是一個讓「我們可以談我們真的要談的課題」的論壇和場合。

對於這兩個議題的問題意識，早在前幾年就已持續醞釀。從 2009 年到 2011 年，北美台灣研究學會本身，以及台灣研究這個領域，其實同時面臨以下四種挑戰：第一、台灣 2008 年政黨輪替後，國內對台灣研究的支持變少；第二、有鑑於中國崛起，台灣研究者普遍擔心北美的台灣研究會被排擠；第三、基於某些當時仍不太清楚的原因，社會科學界，尤其是政治學和社會學領域的與會者越來越少；第四、區域研究的整體式微。這四個挑戰，其實在黃丞儀（2008）、曾薰慧（2009）和李宜澤（2010）的時代，就已經漸漸被感受到。為了回應這些挑戰，這些年北美台灣研究學會組織發展的一個核心重點是走向專業化，從純學生社團，走向一個專業的學會。

梁志鳴從 2009 年加入北美台灣研究學會，經歷了這個轉型過程。後來，梁志鳴在 2011 年年會後，產生了這樣的想法：「台灣研究，其實是一個由外向內觀察台灣的研究社群」（an academic community that studies Taiwan from an external point of view）。這裡所謂的由外向內，不是專指外國人。梁志鳴的想法是，Taiwan Studies 這個英文詞彙指涉的主要對象，是在北美以英文進行發表的學術社群（挑選英文是因為北美台灣研究學會的運作範圍主要在北美，若在歐洲或日本，就會有不同的語言需求），這樣的社群與國籍無關，但主力是已經或未來將在北美擁有教職的研究者。

這是一種明確唯物主義及實用主義的思維。這背後的假定是，如果北美台灣研究學會能協助提升台灣研究在北美學術市場結構中的地位，連帶將有助提升台灣研究在北美學術理論結構中的地位，拓展台灣研究在北美學術市場的能見度與吸引力。就是因為這樣的想像，梁志鳴和其他 2012 年年會的籌備幹部，才開始產生想法，主動搜尋並邀請符合前述條件（在北美擁有教職）的教授級學者與會，試著讓北美台灣研究學會年會串連這些學者，讓他們能夠每年聚會，分享彼此的研究成果，以及構思學術合作的可能。結果，2012 年有大約 25 到 30 位有教師地位的學者參加，也吸引了 2014 年年會議程設計組組長魏仲然

（Matthew West）與會。魏仲然當時為哥倫比亞大學人類學系的博士生，研究題材涉及台灣，而且不久就會準備投入北美工作市場，梁志鳴因此認為他是學會應該極力招募的對象。

五、短中長期的發展目標

前述 2011 年的電子郵件討論串，也談到北美台灣研究學會要永續發展所需滿足的制度性條件，當時參與討論的幾位幹部列出短程、中程與長程目標。短程目標是指財務健全；中程目標則是論文徵集（Call for Papers）與論文品質的提升，這個目標後來進一步擴展到鼓勵參與年會的報告者，能夠在北美優秀學術期刊發表。最後的長程目標，則是希望讓年會也能有教授級學者加入，協助籌辦。

在 2012 年到 2014 年這三年間，短程的財務健全目標，因為得到中研院及蔣經國基金會等學術單位的支持，以及 2014 年年會籌備會會長楊孟軒傑出的募款表現，漸漸獲得實現。追求論文品質的中程目標，則是學會 2013 年與 2014 年的發展重點，這部分雖然看到一些進步，卻遠遠稱不上具體達成，尤其在鼓勵與會者投稿北美優秀學術期刊上，還有很大的努力空間。

最後的長程目標比較有爭議。梁志鳴的原始想法，是學會必須有教授級的學者加入，才能確保年會品質和財務穩定；另一方面，包括非學會人士在內，很多人覺得保持北美台灣研究學會的學生組織身分，反而是一項特色和優點。此外，北美台灣研究學會的業務，不論對新進或資深教授來說，常常吃力不討好，對學者的學術和研究聲望也不見得有直接助益。這背後有複雜的原因，市場因素只是其中之一。此時，為了讓教授級的台灣研究者有興趣投入學會組織運作，加上近年來穩定接受來自包括中央研究院在內的許多海內外學術機構的經費支持，NATSA 因此自 2016 年起首次設置常設秘書職位，試圖推動學會組織運作的進一步專業化。

總體而言，這幾年的學會幹部漸漸形成一個共識，認為北美台灣研究學會應該幫助研究台灣的研究者，在各自的學科領域（discipline）獲得成功，亦即透過強化或凸顯台灣研究在北美學術思想或理論結構中的地位與角色，提升台灣研究在北美學術市場結構中的地位。要達成這個目標，最具體直接的作法，就是幫助研究者在北美優秀期刊上刊登文章，以及協助年輕學者找到穩定的學術工作，而這幾年的幹部也是以這樣的想法為前提，設定前述的短中長期目標。

六、對“So What”問題的深思

如果從幫助與會者獲得學術成功的觀點反思年會論文的

質量，學會幹部漸漸發現一個問題：在年會發表的論文一般都以台灣為研究對象，並且也關注台灣人的利益。這些研究對台灣人來說當然有價值，但似乎無法充分回應學術界所謂 “So what?”（某研究到底有什麼重要性）的問題，因此較難廣泛吸引北美學術界的興趣。

這個 “So what?” 的問題牽涉兩個層面。第一個是大學學系及獎學金對年輕學者的要求；第二個是「作」台灣研究到底是什麼意思。以第一個層面來說，研究者要生存，需要尋找歡迎並支持他們的「房子」，這個房子可能叫「東亞研究」，可能叫「比較政治學」，或是「社會學」、「人類學」等。不論是哪間房子，時至今日，大學資源還有各類獎學金越來越有限，競爭越來越激烈，工作市場也越來越小，影響所及是許多北美大學學系選擇將台灣放在中國研究的範圍底下，但對這些學系來說，台灣研究又不若中國研究重要，使台灣研究的學生在爭取獎學金的過程中，陷入競爭弱勢。

在這樣的時代背景下，讓台灣研究對北美學界顯得「有趣」，就成為年輕台灣研究者在爭取獎學金等資源時，能夠提升競爭力的一個重要因素，而這個因素又進一步涉及第二層問題，也就是「作」台灣研究到底是什麼意思。事實上，如果問年輕學者到底為什麼研究台灣？為什麼覺得台灣研究有趣？每個人都有自己的原因。台灣籍研究者多半是因為出生於台灣，所以關心台灣；外國學者可能是之前住過台灣、在台灣念過中文或配偶是台灣人，因此對這塊土地感興趣。然而在國外（比如在北美），只因關心台灣或覺得台灣有趣而要進行台灣研究，在學術界較難引起共鳴。

從「有趣」這個角度切入來觀察，學會幹部體認到，不少年會論文之所以有趣，主要還是因為跟台灣有關。但在申請研究所或申請獎學金時，這個理由是不夠的。台灣研究者需要發展較廣闊的“So what”。這不只是在幫助研究者尋找資源，也跟台灣研究在北美學術界的重要性有關。冷戰時期，台灣在北美學術界的重要性，很大程度是因為提供北美學者進行中國田野研究的地方，後來更因為「經濟奇蹟」而成為學者（尤其是社會科學者）的研究對象。然而中國開放後，台灣作為研究中國窗口的重要性，在北美學術界快速降低。如果台灣過去對北美學術界的「有趣」，來自於幫助北美回答與中國相關的研究問題，那麼在時代改變的今天，台灣應該或能夠「回答」什麼樣的研究問題？

七、論文徵集的演變

對於論文徵集的問題，過去三年主要幹部的個人立場都不同，而這幾年的論文徵集也記錄了不同人的想法。這些想法有些是由籌辦年會的研究生所構思，另外也受到不少有名學者的啟發。在研究生方面，參與討論者包括梁志鳴，溫若含、彭琪庭，謝力登，魏仲然，李欣潔……等。這些人主要是台灣留學生，另外也納入了美國籍的研究生，希望透過北美的在地觀點，打破台灣籍留學生思考上的盲點。在這點上，梁志鳴積極鼓勵非台灣人的北美研究生，參加年會籌備團隊，例如謝力登一開始只負責提供英文編輯的幫忙，但因他回應了梁志鳴 2011 年寄送的電子郵件，參加對學會發展方向的討論，梁志鳴和溫若含便力邀他擔任 2013 年的議程設計組組長（事實上，謝力登是在準備搭巴士離開布魯明頓的時候，被溫若含詢問）。這份工作在 2014 年移交給魏仲然，2015 年則移交給香港籍的鄭肇祺。

謝力登、魏仲然跟鄭肇祺都是人類學系的博士生，外人可能覺得這只是單純的巧合，但他們三人相信這不只是巧合。人類學者多半是在同一個地方作研究調查，花很多時間對同一個地方積累深入的了解。同時，人類學家擅長談大理論的議題，喜歡花很多時間思考他們在地方所累積的研究成果，與涉及世界的大議題、大理論之間有什麼關係。因此，由人類學者管理論文徵集和年會規劃，對學會幹部來說其實是十分適合且自然的。謝力登、魏仲然跟鄭肇祺都以比較人類學的概念及觀點來看台灣研究，從這三個人的想法來界定「台灣研究」的模糊概念非常有興趣，也引發不少想法。

除了研究生以外，過去這幾年的論文徵集也受到不少有名的學者啟發。其中，高格孚及 Joseph Wong 在 2011 年年會進行的主題演講，給予幹部很多靈感。為了有效回應中國效應（2010 年會主題），籌備 2011 年年會的研究生，選擇以 "The Trajectory of Taiwan in a Global Context"（全球背景下的台灣路徑）為年會主題。高格孚回應此一主題，在 2011 年年會倡導以人類學提出的閾限性理論（liminality），來思考台灣跟中國的關係，提出分析兩岸關係的新觀察視角。所謂的閾限，是指一種不是這裡，也不是那裡（neither here or there），處在模棱兩可之間（betwixt and between）的狀態。從這個角度來看，台灣既不該放在「中國」的類別底下，但也不可忽視台灣在中國歷史的重要性。高格孚強調，正因為這個閾限地位，使台灣具有很深刻的理論重要性，同時也強調台灣的地位不僅在於「閾限」。Wong 則注意全球政治經濟，倡導台灣的閾限不一定是缺點，反而可能具有門戶（gateway）的優點。

高格孚跟 Joseph Wong 的想法，與荊子馨提出的主張「以台灣為方法」（Taiwan as Method）相當類似。荊子馨的想法是，台灣相關研究究竟屬於哪裡，是無法避免的問題；但也因為這個問題，使研究台灣帶來一種觀察世界新想像的可能。

既不在這裡，也不在那裏的閾限概念，充分體現台灣研究的困境。台灣研究既不能稱為中國研究的一部分，卻又不是和中國研究完全無關。台灣歷史長期處於這種不明的狀態，處在帝國與帝國之間的閾限，這種觀察促成了 2012 年年會的會議主題：「台灣：門戶、節點、閾境空間」（Taiwan: Gateway,

Node and Liminal Space）。

在 2012 年會主題演講中，Joseph Wong 的觀點再次啟發了北美台灣研究學會。他主張台灣不應該只是被動的西方社會科學理論接收者（theory taker），更應該積極嘗試成為理論的製造者（theory maker）。這樣的想法影響到北美台灣研究學會 2013 年年會的會議主題：「理論中的台灣」（Taiwan in Theory）。這個主題主要是探討台灣作為研究對象，能夠對理論產生什麼貢獻。這裡所謂的理論，包括社會科學及人文學科等各學科領域中，被視為知識基礎的各式理論架構。本屆的年

圖 8-1　NATSA 2012 年「台灣研究是否已死」的論壇。

左起為史書美教授（加州大學洛杉磯分校）、Louise Young（威斯康辛大學麥迪遜分校）、吳叡人教授（中央研究院），以及華盛頓州立大學（Washington State University）的陸敬思（Christopher Lupke）教授。

圖 8-2　NATSA 2013 年史書美教授 Keynote Speech 後的 Panel discussion。右邊是與談人魯賓斯坦教授，當時在紐約市立大學（City University of New York）；左邊是主持人 C. Montgomery Broaden 教授，當時在巴特勒大學（Butler University），另一位透過 Skype 參與的與談人，是戴維森學院（Davidson College）的 Shelly Rigger 教授。

會主題，強調台灣不只是用來實驗外來理論的地方；反而有特殊的歷史、文化與政治經濟情勢，充滿自己的邏輯，足以引發創新的觀點，幫助研究者反省原有的理論架構。舉例來說，台灣經歷（多重）帝國主義的特殊歷史，以台灣為視角來觀察「帝國主義」，成為一種有可能帶給學者理論創見的獨特經驗。

為了更具體實現 2013 年年會的主題，魏仲然聽從荊子馨之前給學會幹部的建議：邀請其他領域學者，倡議邀請「非」台灣研究學者參加所謂的特別論壇（special panels）。於是，在這一年的年會設計中，每個學科領域都有自己的特別論壇，每個特別論壇有兩位論文經審查錄取的年輕學者，加上兩個在生涯發展上已站穩腳步的學者，其中一個學者是台灣研究學者，另一個則是其他領域的學者，如韓國研究或中國研究等。透過這樣的活動設計，幹部們希望這兩位學者能提供年輕學者詳細的評論，鼓勵對研究台灣有興趣的研究生不只注意台灣，而能進一步思考他們對台灣進行的研究，對於更廣大的學術界能有什麼啟發。這背後反映的思維，是學會支持年輕學者，同時也是在支持學會自己，以及整體的台灣研究社群！在台灣研究社群以外，學會也希望能發展一個關心台灣的「非」台灣研究學者的網路；而 2013 年年會邀請的「非」台灣研究學者，在這一點上也非常認真地貢獻他們的看法，並在年會結束後表達與學會繼續交流合作的意願，這正是學會幹部們希望達成的目標。

八、回答那懸而未決的問題：台灣研究的定義

在 2014 年年會後，加入學會六年的梁志鳴也完成學業回到台灣。在離開美國前，梁志鳴在與謝力登的討論中，針對台灣研究應如何定義，分享他最新的想法。梁志鳴認為，北美台灣研究學會的存在目的，在於拓展台灣研究在北美的長期發展；而台灣研究要在北美的長期發展，關鍵之一（當然不是全部）

在於鼓勵新進的台灣研究者找到教職，這其實也是主要幹部們的共識。要鼓勵新進的台灣研究者找到教職，有兩個進一步的條件，一是來自台灣的經費投入，讓更多的北美學術機構，願意開設以研究台灣為對象的教授或研究職位；另一個條件，就是新進的台灣研究者，必須培養更優秀的北美學術期刊發表能力，才能在學術上展現影響力。這項能力的培養，也是這幾年NATSA 年會的努力重點。

而要培養學者的北美學術期刊發表能力，不可避免的會碰觸到研究者如何理解與界定（define）台灣研究的問題。相較於其於 2011 年對台灣研究所下的單一定義，梁志鳴於 2014 年會後修改了他的想法，而轉而認為台灣研究其實同時存有三種可能的界定方式，分別是：(1) **區域研究路線**（area studies approach）；(2)**主體建構路線**（national identity approach）；(3) **學科領域路線**（disciplinary studies approach）。梁志鳴認為，對台灣研究的不同理解方式，會對研究者如何選擇研究題材，或選擇在哪些期刊上發表，產生相當程度的影響。[1] 梁志鳴在

1　在這三種界定方式中，區域研究路線是台灣研究發展的早期典範，在區域研究的框架下，研究台灣是為了促進北美對台灣這個「外國」的理解。這條路線發展出一系列的區域研究期刊，包括東亞或中國區域研究期刊，都找得到以台灣為研究題材的研究。至於所謂主體建構路線，主要是從「台灣作為主體應該如何自我理解」出發，界定哪些研究題材具有研究價值。在台灣本土人文社會科學期刊中，以台灣為對象進行的研究發表，很大程度上是從這個角度來思考。最後，學科領域路線則是將台灣單純理解為套

2011 年提出的台灣研究定義（台灣研究，其實是一個由外向內觀察台灣的研究社群），其實就是希望能強調學科路線的重要性，透過讓台灣研究者在其學科領域獲得成功，擴大台灣研究在北美學界的影響力。然而經過 2012 年到 2014 年會與幹部和其他與會學者的交流，梁志鳴漸漸改變其獨尊學科領域路線的態度，而轉而認為未來十年的台灣研究社群，必須有意識的用一種更寬廣的方式來界定台灣研究，亦即讓學科領域、區域研究、與主體建構等三條路線並存、相符相成。

不過，不論是獨尊學科領域的思維，或是改走學科／區域研究／主體建構相輔相成的路線，這幾年學會幹部在推廣台灣研究的過程中，在策略設計上強烈反映唯物主義的色彩，亦即以最大化台灣研究者獲取北美教職的機會，作為推動北美台灣研究發展的終極目標。例如梁志鳴就認為，北美與台灣的台灣研究社群，需要有意識的協助與鼓勵北美的新進研究者，創造學科知識上的貢獻，以增加在歐美優秀學科期刊上發表的機會，

用理論的研究題材。研究台灣這個題材之所以有價值，不是因為台灣是北美應該理解的區域，也不是台灣作為一個主體應該自我理解，而是研究台灣可以對既有的學科論述與知識，進行創造性的反饋。採取此一路線者，很可能就會偏向以歐美的學科期刊為發表對象。從歷史的發展軌跡來說，早期的區域研究路線與主體建構路線其實是相輔相成，試圖讓台灣研究成為中國研究之外的獨立領域。然而如前所述，近年來區域研究在北美有走下坡的情況，希望在歐美學界求職立足的台灣研究者，必須大量仰賴學科領域路線，證明其研究能為不同的學科領域提供新的理論貢獻。台灣研究者若無法提出對學科理論的貢獻，在美國求職將極為不易。

藉此提升在歐美求職市場上的價值；在學科能力上的訓練與努力，又能強化台灣研究者的學術競爭力，回過頭來擴展台灣研究者投入區域研究領域時的揮灑空間。事實上，北美或歐洲仍有許多區域研究機構的教職，所以培養新進台灣研究者的學科發表能力，也有助於他們獲取這些機構的職缺。最後，從主體建構角度出發，由台灣本土研究者進行的台灣研究，則是協助北美台灣研究學者（不論是走學科或區域研究路線）成長茁壯的土壤，讓北美台灣研究在投稿學科與區域研究期刊時，能有充足的文獻與學術網絡進行研究；而台灣本土學者如果希望與世界接軌，也能藉此獲得北美台灣研究學者的奧援。

Joseph Wong 與楊孟軒的發展軌跡，就符合梁志鳴提出的路線。兩位學者早期的學術研究，都不是單純只為研究台灣而研究台灣，而是以台灣作為研究題材，對現有的學科知識（比較政治和歷史）提出嶄新的觀點。Joseph Wong（2004）透過對韓國和台灣的比較，對發展型國家（developmental state）的理論提出批評；楊孟軒（2015）則透過對台灣外省人的研究，對歷史學界的創傷（trauma）研究提出反思。兩位學者在透過學科路線獲取教職後，很自然地與走區域研究／主體建構路線的研究者持續互動，在學術上彼此協助，進而擴展北美台灣研究社群的版圖。梁志鳴認為，協助更多新進台灣研究學者走上這樣的學術生涯發展軌跡，是台灣研究社群未來發展的重要方向。

然而，這種「給我工作其餘免談」的策略，某種意義上十分極端，漸漸也在學會幹部之間，引發一些憂慮和反省。謝力登與梁志鳴在撰寫本文的過程中，就自我察覺到過度強調學術市場的物質色彩，也許會影響到台灣研究作為學術領域本身的研究多樣性。畢竟，找工作固然重要，但學術研究的價值，終究需要從學術或知識的角度來評價。就謝力登來而言，一開始受到台灣的吸引，一部分正是由於台灣這個研究對象在學術理論上的潛能。或許，在推廣台灣研究的過程中，如何在唯物（工作優先）與唯心（知識與理念本身的價值優先）兩者間求取適當的平衡，很快就會成為學會幹部下一階段的內部思辯焦點。

九、從悲哀到希望

暫且不論謝力登與梁志鳴兩人對學術及其背後物質基礎彼此辯證關係的思辯，從謝力登和梁志鳴個人的感覺來說，2013 年的氣氛跟 2010 年很不一樣。這可能純粹是因為 2013 年年會的地點靠近南加州的美麗海邊，但更可能是因為學會的幹部們認為，NATSA 把握了這次機會，讓與會學者對年會有好印象。另外，在這次年會中，蕭新煌教授進行了一場很熱情的主題演講，對於台灣研究在全球發展的現況，還有台灣研究世界大會的未來願景，有精闢的討論。最後，該年的北美台灣研究學會，也開始受到中研院台史所和社會所的財務支持，讓過去幾年持續為財務情況困擾的學會幹部們，開始對學會的未來發展感到樂觀。

雖然在北美發展台灣研究仍然充滿挑戰，但過去幾年參與年會籌辦的經驗，讓學會幹部們慢慢發現所謂「台灣研究已經死了嗎？」的觀點，可能只是一種缺乏根據的自我懷疑或「情緒」。在 2013 年，一位受邀的韓國研究學者，和謝力登分享了他對史書美教授的主題演講，以及演講之後 Q&A 的想法。他提到“This was very intense, it's all about identity.”（討論好激烈，都跟認同有關係）。謝力登認為他的意思，應該是在表達他在年會中觀察到所謂的「認同」問題，不單純只是學術性的討論，更主導了年會及與會者的「情緒」。從這個角度思考，台灣研究不僅僅是研究區域；台灣研究社群也不僅僅是社會組織，同時也是雷蒙德·威廉斯（Raymond Williams）（1973） 所謂的「情感結構」（Structure of Feeling），而在**理論**、**結構**和**情感**等三個方面，存在密不可分的關係。這樣的體認正是 2014 年的北美台灣研究學會年會，為何要進一步選擇從後設觀點，來探討台灣長期以來持續關注「危機」的時代精神（zeitgeist）。在這點上，學會幹部很高興，但也有點不好意思，聽到一位 2014 年與會的日本籍教授主動提到，今年的年會氣氛不再是「台灣的悲哀」，而是充滿了「希望」。

參考文獻

Bourdieu, Pierre,1993, *The Field of Cultural Production: Essays On Art and Literature*. New York: Columbia University Press.

Williams, Raymond, 1973, *The Country and the City*. New York: Oxford University Press.

Wong, Joseph, 2004, *Healthy Democracies: Welfare Politics in Taiwan and South Korea*. Ithaca: Cornell University Press.

Yang, Dominic Meng-Hsuan, 2015, "Noble Ghosts, Empty Graves, and Suppressed Traumas: The Heroic Tale of 'Taiyuan's Five Hundred Martyrs' in the Chinese Civil War," *Historical Reflections* 41(3): 109-124.

第9章

改革、耕耘、蓄勢待發

邁向北美台灣研究的第三個十年

楊孟軒

美國密蘇里大學哥倫比亞分校歷史系助理教授

NATSA 2014 第20屆會長

一、台灣研究在北美與北美台灣研究學會

2013年10月19日，在美國亞洲研究學會（Association for Asian Studies）西南分會第42屆年會（42nd Southwest Conference on Asian Studies）的一場專題演講中，2013-14年亞洲研究學會會長，同時也是威斯康辛大學麥迪遜分校歷史系教授，泰國裔學者Thongchai Winichakul，闡述了「加強跨國連結」和「體制策略與時俱進」等概念，對於一個學會在全球化與網路資訊化下持續生存、發展與茁壯的重要。

Thongchai Winichakul提到，許多亞洲國家近數十年來因為經濟快速成長，政府投資高等教育，加上全球化與網路化，已經成為亞洲研究領域重要的知識生產中心（Winichakul 2013）。亞洲在地學者、研究生、媒體，以及社會運動和社福工作者的著作及論述，尤其是挑戰與反思西方主流學術思想的模式，已然成為全世界詮釋與了解亞洲經驗的重要面相。台灣學者陳光興（2006）提出去帝國、去殖民、去冷戰的「亞洲作為方法」，兼具揉雜性、跨界性與歷史性等省思，就是其中一例。

換言之，區域研究的知識產生方式在後冷戰時代已產生質變，不再是冷戰時期以美國政府智庫、北美研究型大學與法人基金會為主的西方霸權型態。亞洲仍是北美區域研究的首要領域之一，尤其是中國迅速崛起，東海與南海衝突升溫，日韓矛盾與北韓核武威脅，印度與巴基斯坦敵對，中西亞回教諸國反

恐情勢詭譎多變，關於亞洲的研究比過去任何時代都重要，全世界對亞洲事務的關注，也比任何時候都多。從事亞洲研究的學會也日益增加茁壯，朝著多元化與國際化邁進。

北美台灣研究學會自 1994-95 年創會以來，已有近二十年的歷史。[1] 來自台灣的留學生，尤其在各大學人文與社會科學系所的碩博士研究生，對年會的舉辦和學會的日常運作，一直扮演舉足輕重的角色。留學生為跨國知識傳播的因子，他們在網路社群媒體（Social Media）的應用上，也比其他族群靈活、具有創造性。因此，學生們平時雖然分散在美國與加拿大各城市，課業繁忙，但透過網路平台視訊開會，近年來對年會的籌組與規劃能力日益精進。[2]

留美研究生是未來的學者與社會中堅分子，他們帶著台灣的多元社會經驗，以及因不同出身而培養出的理念，在各大知名學院吸收世界上最新的理論及研究方法，接受嚴格的訓練，體驗不同文化生活圈帶來的衝擊。研究生或許在思慮與學術成就上未臻成熟，卻是 NATSA 二十年來持續發展的原動力，也是

---

[1] 有關於本會的起源與歷史沿革請參閱，許維德，1999，〈簡介「北美洲台灣研究論文年會」：兼論台灣研究在美國的發展〉。《台灣史料研究》14: 194-200；王玉靜編，《探索與實踐：台研會二十年來的腳步》。台北縣三重市：財團法人台灣研究基金會，頁 43-56。

[2] 善用網路平台的傳統在創會時已建立。詳情見，許維德，〈簡介「北美洲台灣研究論文年會」〉，頁 195。

學會民主合議制度的奠基者。島國數十年來的本土化與民主深化，孕育了年輕一代強烈的台灣主體意識，以及對政治與公共事務的關心，使海外莘莘學子對北美台灣研究學會的參與度與日俱增。這點可以從2011年到2014年間，參與籌組年會人數的持續增長看出端倪。學會甚至還成功吸引了一些美國與加拿大本地的研究生加入團隊。在學生們的努力和老師熱心支持下，與會學者和研究生的比例也達到較為理想的50：50，參加人數也維持在80人到100人（約40到50篇論文發表）。來自北美地區和台灣以外，包括歐洲、日本與澳洲等世界各地的學者和研究生，也有些許增長（Sheridan 2013；West 2014）。

比起世界上其他地方，台灣研究在北美有一定的潛在發展優勢。首先，北美洲台灣僑民人數眾多，他們絕大多數事業成功，教育程度高。雖然政治上有統獨的分歧，以及地域、國家（美國與加拿大）與世代差異等複雜的因素，但許多企業家／慈善家與僑民團體，對台灣的時事、政治、文化與藝術等，仍長期保持高度的關心，也願意出資贊助相關的文教與學術活動。比較知名的例子，包括支持加州大學聖地亞哥分校台灣研究講座教授的川流基金會（Chuan Lyu Foundation）；由奧勒岡州立大學（Oregon State University）管理的邱氏基金會（The Chiu Scholarly Exchange Program for Taiwan Studies）；波士頓台美基金會（Taiwanese American Foundation of Boston, TAFB）；台灣人聯合基金會（Taiwanese United Fund, TUF）等。再者，自民主化／本土化以來，中華民國政府也開始透過北美各經濟文化辦事處（Taipei Economic and Cultural Office, TECO），匯集外交部、教育部、文化部（文建會）人力與資源挹注，發展台灣歷史、電影、學術、藝術等相關交流活動。其他帶有半官方色彩的私募基金，如蔣經國國際學術交流基金會與台灣民主基金會等，也經常支持北美地區舉行的台灣學術活動。

基於上述因素，北美台灣研究學會於客觀條件上，已具備發展成一流國際學會的條件。然而，在將近二十年的發展後，NATSA 仍然只被認為是研究生論文發表會，無法如曾任第 14 屆（2008 年）會長，現任職於中央研究院法律學研究所的黃丞儀教授所預測，在主辦學會的研究生們畢業進入職場，成為有影響力的教授和專家學者之後，逐漸發展成一個制度化、職業化的學會（Huang 2012），更遑論成為跨國知識交流傳播，以及能影響西方亞洲研究與世界輿論的媒介。因此，相較於歐洲，北美台灣研究學會雖然起步較早，而且有許多潛在的發展優勢，但在學術生產與實質影響力上，卻遠遜於起步晚了約十年的歐洲台灣研究學會。

有人或許會將這一切歸咎於中國因素。在西方的學府與智庫，尤其是研究生畢業求職時，台灣研究必須在中國研究龐大的陰影下尋求生存空間，這是不爭的事實。中國因素無法避免，但看到歐洲成功的例子，中國或許不是決定性的因素。回顧過去，在大情勢相對有利時，台灣研究在北美播種生根，卻未如預期般茁壯成長。1980 年代後半至 2000 年代初大約二十年間，台灣經濟居亞洲四小龍之首，社會運動與學運勃發，歷史性的兩岸互動登場，本土化萌芽發酵，島國民主化與政黨和平輪替，這些都被視為美國知名政治學者杭廷頓（Samuel P. Huntington）論述的「第三波民主」（Third Wave Democracy）在東亞的典範（Tien 1996；Diamond et al 1997）。此時，北美各大學院與研究機構對台灣有濃厚的興趣，而且與先前冷戰時期台灣留學生大多進入數理科、化工科、電機或商學科系的情形不同，北美大學人文社會科學系所，接受了為數甚多的台灣研究生（他們畢業後多數返回台灣工作）和少數現任職於西方學院的外籍教授。

中國在進入 21 世紀以後急速壯大，對世界政經結構、權力與資源分配版圖，產生摩擦與震盪，整個東亞研究的注意力也集中導向中國，間接壓縮西方學界對台灣的興趣。國民黨 2008 年重返執政後，兩岸關係緊張態勢趨緩，但諷刺的是，危機感解除後，北美大學和政府智庫轉而關注兩岸交流議題，降低對台灣本身發展的關注程度。進入 21 世紀的第二個十年，美國知名台灣政治史與社會史專家，哥倫比亞大學東亞事務資深研究員魯賓斯坦教授，就憂心忡忡地問道：「台灣研究是否已死？」[3]

3 魯賓斯坦教授隨後在美國亞洲研究學會以及 NATSA 2011 年會，都發表了相同的言論。

各界對魯賓斯坦的擔憂反應不一，但對於在北美地區從事台灣研究的學者與研究生而言，卻是暮鼓晨鐘的警世之語。歐洲台灣研究學會在先天條件遠不及北美的情況下，過去十年的快速發展與亮眼成績發人深省。這個反差點出了一件事實——美加地區在建構台灣研究網絡時，需要一個跨學科、跨領域、制度化、職業化的學會。NATSA 在發展二十年後，仍然只是以研究生為主的組織，有許多複雜的原因，本文將試著釐清與分析，期望將來能在現有的基礎，以及學生的自發性、理想性與民主合議制度等優良傳統上，建立一個更全面、更具代表性、更有影響力，而且能促進跨國合作和優秀學術出版的年會與學術組織。客觀來說，北美如今並非台灣研究的沙漠，套一句文學評論界的流行用語，是處於「眾聲喧嘩」（heteroglossia）的狀態。[4] 誠如英國諾丁漢大學當代中國研究學院主任蘇利文教授（Jonathan Sullivan 2011: 715），在一篇回應魯賓斯坦的文章中寫道：「與其說台灣研究被邊緣化，不如說台灣研究處於碎裂化的狀態（Taiwan studies is fractionalized rather than marginalized）。」

在北美定期舉行年會的除了 NATSA，還有 1990 年成立，以政治學學者為主、附屬美國政治學協會（American Political

[4] 眾聲喧嘩的概念來自俄國語言學、文學評論及哲學家米哈伊爾．巴赫汀（Mikhail Bakhtin），他藉由解讀 19 世紀俄國文豪杜斯妥也夫斯基（Fyodor Dostoyevsky）的文本，提出多元、共生、相對自主性語境與主體的顯現。

Science Association）的台灣研究會議組（Conference Group on Taiwan Studies, CGOTS）。近年來在中華民國政府與少許民間基金支援之下，北美數十間學校先後成立了台灣研究講座與課程，包括美國的加州大學聖地亞哥分校、聖塔芭芭拉分校、德州大學奧斯汀分校、威斯康辛大學麥迪遜分校、南卡羅萊納大學（University of South Carolina）、聖路易市華盛頓大學（Washington University in St. Louis）、馬里蘭大學（University of Maryland）；加拿大的多倫多大學（University of Toronto）、英屬哥倫比亞（卑詩）大學（University of British Columbia）、渥太華大學（University of Ottawa）、亞伯達大學（University of Alberta）等。私立名校如哈佛大學不定期舉辦的「台灣研究專題研討會」（Taiwan Studies Workshop）；史丹佛大學弗里曼・史巴克里國際問題研究所（The Freeman Spogli Institute for International Studies）的「台灣民主研究計畫」（Taiwan Democracy Project）；布朗大學在2013年展開的「兩岸留學生論壇」（Strait Talk），也都持續進行中。如何讓北美台灣研究學如同歐洲的台灣學會，成為「眾聲喧嘩」的多重交流與對話平台，成為不同學科領域學者和研究生溝通的渠道，以及國際合作的橋梁，是本學會邁向下一個十年的重要課題。本文將就這些問題，以我在2011年到2014年間參加NATSA的經驗，闡述個人的淺見，希望拋磚引玉，提供學術界先進們一些討論的依據。

二、個人背景與參加 NATSA 的契機

與大多數支持 NATSA 的海外研究生們不同，我在北美求學與生活的經驗並不是從研究所或大學開始，我是一個「小留學生」。1990 年代初期，我還是個國中的懵懂少年，雖然在校成績優異，但父母認為，考試決定一切的環境會扭曲人性，限制獨立思考，扼殺小孩發展的潛力，也不忍見到我與妹妹在一個揠苗助長的填鴨式教育制度下成長，因此在所有親友強烈反對下，毅然決定移民加拿大。

與一般有錢的移民家庭不同，雙親從事教育工作，家境小康，移民之路走得很辛苦。我 14 歲開始就和家人親友相聚的時間不多，與小兩歲的妹妹在多倫多成長，相依為命，個性由外向、活潑、自信，轉趨沉默、神經質、孤獨、叛逆。高中和大學時經歷一段荒廢的歲月，幾度休學，沉迷於釣魚、打球、音樂、派對。還有一個學年當掉超過一半的學科，差點被大學退學。

然而，父母仍然堅持他們原來的理念，即使持續面對親友的質疑，還是決定讓孩子在國外自由發展，找尋真正的自我。我自小就很愛讀世界史故事書與歷史小說，對許多深感興趣的名著與橋段背誦嫻熟，如數家珍，就算在荒廢的年輕歲月中，每天閱讀歷史書籍的習慣也從未改變，使我決定成為一個歷史研究的工作者。雙親退休移居加拿大後，我也在他們的鼓勵下申請上歷史研究所，踏上學術之路。

在溫哥華的英屬哥倫比亞大學求學時，我主修中國與日本近代史。我的老師們大多是研究中國的專家，儘管對台灣有一定程度的了解與興趣，卻不太重視台灣研究，甚至好意勸我最好別以台灣史作為學位論文的題目，因為將來在北美大學求職時，領域太「冷門」和「狹窄」，會遭遇困難。我本來打算聽從指導教授的意見，專注大陸時期民國史的研究，但是 2004 年第一次回台北中央研究院為碩士論文收集史料時，親眼目睹台灣社會的改變與族群衝突，受到很大的衝擊。我離開台灣時只是年輕的孩子，在加拿大成長期間曾回台灣兩三次拜訪親友，但都如蜻蜓點水般短暫，對自己土生土長的故鄉發生的巨大變化也漠不關心，這樣的情形使我汗顏，心生愧疚。

回台研究不久，我在一本講述宜蘭二二八事件的口述歷史書中讀到，我父親家族的一位長輩，竟然是事件中被國民黨槍決的地方菁英之一（張文義、沈秀華 1992）；後來更發現，過世的外公因為是台籍日本兵，在二二八後被國民黨政府關到綠島管訓了幾年才放出來。我在震驚之餘詢問父母和長輩，為什麼不讓我們下一代知道這些事？我得到的回答是，知道了這些傷心事又能怎樣？還是忘了比較好。他們不太願意主動和孩子們談這些議題，尤其在台灣民主化之前，這些都是禁忌話題。我深知受創的老一代想保護年輕人不被這些歷史包袱影響，用心良苦，也同時體會到威權體制與白色恐怖對真理、人性良知與歷史記憶的抹殺。因此，我決定在學術研究上，在我能做到的範圍內，為台灣盡一份心力，所以我的碩士和博士論文，都作了和台灣相關的研究。

我在2010年秋天完成中研院社會學研究所博士培育計畫，返回溫哥華專心撰寫博士論文時，一位英屬哥倫比亞大學亞洲研究的台灣學弟，邀我與另兩位台灣留學生同組一個panel，參加NATSA在美國匹茲堡大學的2011年年會。我早在2005年就聽說北美有個由台灣留學研究生組成的學術會議，心中很好奇，但一直沒有機會參加，因為在現實上，我身為研究生的旅費有限，必須把有限的資源用在出席大規模且能見度較高的國際學會，像美國亞洲研究學會、加拿大亞洲研究學會、美國歷史研究學會等年會，才能為自己將來的求職和學術出版鋪路，參加研究生舉辦的會議除了練習發表外，似乎沒有實際上的好處；加上2006年到2009年這四年間，我很多時間都在台灣做研究，往返北美的機票所費不貲。到了2011年，我在時間與經費上都比較充裕，因此決定去匹茲堡看看。

老實說，我對NATSA年會的第一印象是失望的。雖然與許多我過去景仰的老師們有了當面對話的機會，和與會的其他研究生也有良好的互動與交流，但感覺除了教授們發表的專題演講比較精彩之外，研究生論文發表的水平似乎不高，議程編排也有點鬆散，學科間彼此對話的空間也有限，兩三天下來的收穫不大。我在這次的會議上第一次見到監察委員黃煌雄，但當時不知道黃委員在NATSA過去數十年的發展上，扮演很關鍵的角色，也不了解北美台灣研究學會當時遭逢的困境。

然而，有一點讓我很感動，就是台灣年輕留學生對於籌辦NATSA年會的熱情與堅持，所以我在隔年（2012年）博士畢業幾個月前，自己籌組了另一個panel繼續參加年會。在印第安那大學布魯明頓校區的會議期間，和幾位前任會長與重要學生幹部坐下來長談，慢慢深入了解NATSA的背景與歷史，也知道學會在不久的將來，可能因經費不足而面臨倒閉的危機。於是，在當時的會長梁志鳴與2013年會長溫若含的邀約及說服下，我決定幫NATSA進行募款與公關工作。

接下來一年，在許多師長熱心加持與因緣際會的幫助下，成功幫NATSA獲取一些短期經費贊助。其實，我大多只扮演牽線與居中協調的工作，真正大力幫助NATSA的是中研院台史所與社會所的師長們，謝國興與蕭新煌兩位所長鼎力支持，台史所副所長劉士永老師尤其扮演關鍵角色。

我自己感覺在2012-2013年度，對學會並無其他特殊貢獻。2013年會議前，學生幹部合議會在NATSA急需擴大募款的情形下，決定提名我為2014年的會長，於是，我也成為北美台灣研究學會第一任非學生身分的會長（我當時是德州大學奧斯汀分校歷史研究所博士後研究員）。而我在一年任期內，除了與學生幹部籌辦2014年在威斯康辛大學麥迪遜分校的年會外，也盡我所能幫學會取得中長期的經費補助。以下是基於我在NATSA工作的經驗，以及對北美學界的了解，所作的粗淺分析。

三、NATSA 發展限制與改善方式

誠如英國倫敦大學亞非學院台灣研究中心的羅達菲教授，於 2013 年初卸任歐洲台灣研究學會秘書長一職時，在撰寫的文章中提到，根據他學生時期參加 NATSA 的經驗與觀察，NATSA 因為有幾個主要的發展局限，而遲遲無法發展成一個具有代表性與影響力的學會。而他在建構歐洲的學會時，以北美的經驗為借鏡，超越了這些限制，使歐洲台灣研究在歐洲台灣研究學會的主導下蒸蒸日上。

羅氏是 NATSA 的老前輩，他不僅是傑出的行政管理者，也是極具洞察力的政治學者。他在台灣政黨政治研究方面的耀眼成績，以及在建構歐洲台灣研究學會與亞非學院台灣研究中心上長年的辛勞，有目共睹，我們對他的貢獻與犧牲很尊敬，也非常重視他的發言。這篇短文給了現在主導 NATSA 的學生合議會，在改善學會的體質上一個重要的參考依據。

羅氏提到的若干局限現已不存在，有些則仍待改善。第一項發展局限是選擇會議論文的方式。不同於一般學會採取開放徵稿（call for papers）與同儕審查（peer review），早期的會議（第一個十年）是由研究生發表，只邀請少數特定教授評論。羅氏指出，這種形式限制了會議論文的水平，連帶影響學會後論文出版的數量與質量（Dafydd 2013: 2-3）。

然而，目前的 NATSA 學生合議會不同意這樣的看法。根

據 2003 年與 2004 年連續擔任兩屆會長的侯志仁教授回憶，徵稿與審查等機制早在學會的第一個十年就已啟動。目前 NATSA 不但有相對完善的開放徵稿與同儕評鑑（由學生會邀請各領域知名國際學者組成的審核小組），而且盡力做到平均，使每個主要的人文社會學科，在每次年會都有幾個 panels。自 2013 年年會開始，出席學者和研究生人數，也開始達到較理想的比例 50：50（Sheridan 2013；West 2014）。而在開放徵稿和同儕審查持續制度化與健全化之下，研究生的論文水準近年來也顯著提升。如果繼續朝這些方向努力，我們可以預測，NATSA 將漸漸發展成為像歐洲台灣研究學會的角色，成為老一輩教授與新銳學者、研究生交流與腦力激盪的平台。當年輕學者的論文在資深教授的批評與指正下蛻變，成為可以投稿與出版的佳作；而資深教授也從大量的新研究中獲得靈感與啟發時，NATSA 就能成為國際學術界優良著作的搖籃。當然，這並非一朝一夕可以成就，而是要長時間持續推動，讓學會朝好的方向發展。

羅氏指出的第二項發展局限，是參加學會者的單一性（Dafydd 2013: 3）。這個單一性有兩個主要面向：首先是參加學者的區域單一性（大多以美國為主）；其次是籌組研究生的身分單一性（大多為台灣人文社會科學學科的留學生）。研究生的單一性又和第三和第四項發展限制息息相關。首先，綜觀 NATSA 近年來的發展，出席學者在地域上的單一性已被打破，雖然北美的教授仍占多數，但歐洲、台灣與日本的學者數量正在持續增加。而在 2013-14 年度，我與學生合議會把擴大國際間的交流與聯繫，視為本會的重點發展目標之一。2014 年由我擔任會長，發出正式通知，邀了歐洲台灣學會與日本台灣學會籌組 panel 加入年會。我們的目標是：NATSA 今後每年都有幾個 panel 是由歐洲與日本學會的學者或研究生籌組。在台灣方面，除了繼續和中央研究院台灣史研究所與社會學研究所增進合作關係，我們也通過各種管道在台大、清大、政大、師大與一些系所，建立交流平台，希望在台灣工作的學者，能帶他們最優秀的研究生，定期參加我們的年會。而 2014 年會議也分別透過芝加哥台北經濟文化辦事處與中研院台史所，邀請台灣前

圖 9-4　NATSA 二十週年的美、英、加、澳台灣研究領袖圓桌論壇。
右起倫敦政經學院施芳瓏教授、澳洲蒙那許大學 Bruce Jacobs 名譽教授、加拿大多倫多大學 Joseph Wong 教授、美國哥倫比亞大學 Myron Cohen 教授、加拿大渥太華大學 Scott Simon 教授、美國威斯康辛大學博士生蘇怡帆（NATSA 威斯康辛大學學生分會代表），2014 年 6 月 21 日。

財政部長與駐世貿組織（World Trade Organization, WTO）常任代表顏慶章先生，還有陳澄波文化基金會董事長陳立柏先生，增強 NATSA 和財經與文化界的互動、聯繫，增加學會能見度。我們未來的年會，也希望繼續朝這些方向努力。

歷年來與會學者區域的單一性，有另一個主要因素，就是出於研究生對老師請益與禮遇的傳統，NATSA 通常會全額支付教授與嘉賓的機票與住宿費用，這對本會財務是沉重的負擔，所以間接造成學生合議會為了節省經費，偏向邀請在北美任教的學者。解決這個問題的方式，除了擴大募款、增加財源，另一個最有效的方式，或許是懇請學者們，尤其是國際學者，自

圖 9-1　NATSA 二十週年的週五開幕演講特別嘉賓，加州大學柏克萊分校 Thomas Gold 教授，2014 年 6 月 20 日。

行負擔全部或部分的機票費用。這項措施早在兩三年前就想推行，但學生合議會堅持要先提升會議品質，才能讓學者們在自費的情形下也願意來。到了 2014 年，在我的堅持下開始這項新措施——邀請老師時也詢問他們是否願意負擔費用來幫助 NATSA。我們得到許多善意的回應，取得部分成果，節省些許經費，所以這個策略將來也會持續。

羅氏觀察到的第四項發展局限，為本會的政治屬性。這個屬性對一個學會能否秉持學術中立（或維持學術中立的形象），是嚴肅的質疑。我先把這點提出來討論，因為 NATSA 政治屬性

圖 9-3　前中華民國駐 WTO 大使顏慶章（左四）和北美台灣研究學會秘書與 2012 年會長梁志鳴（左三）、2016 年會長許菁芳（右三），以及其他法律學人研究生合影。威斯康辛大學麥迪遜分校法學院教室，2014 年 6 月 21 日。

的議題，和我認為羅氏最重要、也是最中肯的第三項局限，有一定程度的關聯。根據他文章中的說法，本會創會會長林佳龍與他的研究生夥伴，因代背景的關係（野百合學運、修憲、對抗國民黨威權體制），政治立場鮮明。雖然在第一代創立者們回到台灣工作，學會進入第二個十年之後，政治傾向明顯淡化，學會走向比較學術化與專業化，但始終給人一種強烈的「政黨印象」（partisan image），使北美台灣研究學會在發展上受到一些限制。在建立歐洲的學會時，羅氏在政治議題上格外小心，避免 EATS 顯現支持台灣任何政黨與陣營的傾向，重蹈 NATSA 失敗的覆轍（Dafydd 2013: 3-4）。

羅氏這個觀點有再考慮的空間，對早年參加年會的學生與學者來說也可能有失公允；對於在 1994 年到 2011 年間，長期在財務上支持本會的黃煌雄先生，以及他創辦的「財團法人台灣研究基金會」（台研會）的宗旨，可能也有誤解之處。

首先，學生運動與民主實踐是 NATSA 持續發展的原動力，也是我們引以為傲的傳統。籌辦北美台灣研究學會的全體研究生，以我們前輩在台灣民主化與社會運動上的貢獻為榮，也強烈認同台研會培養青年學者，深化民主機制，提倡台灣本土意識，將台灣研究從國內帶向國際舞台，並以全球視野審視台灣研究等核心理念（王玉靜 2008：3-5）。但就我所知，學會從未明確表達支持台灣任何黨政團體與政治人物，也不會因不同的立場與觀點，就將特定人士拒於門外，尤其是來自中國的學者和研究生。或許在第一個十年，有幾次曾為是否邀請個別學者有所爭論，但都在學會的民主機制與充分溝通討論下解決。

不諱言，本會發展歷史和台灣民主、學生運動與主體性覺醒息息相關，籌辦者與參加者（包括羅氏自身）時常被貼上親綠、擁獨、反藍、仇中等標籤，即使到今天還是有部分人這樣認為。然而，我個人覺得只要 NATSA 繼續朝專業化、多元化、制度化等面向努力，對這類批評就不用太在意。學會當前的宗旨，是以台灣研究的經驗和世界理論對話。台灣是中華語系社會（Chinese-speaking societies）中唯一的民主政體，一個健全、透明、自主、專業的台灣研究，對中國研究、華人研究乃至於東亞研究，都有對照、省思與啟迪之效。

再者，北美台灣僑民團體中，認同台灣主體性者甚眾，本會的屬性對學會的在地發展與募款，應該是助力而不是阻力。最後，黃煌雄委員雖然政治形象親綠，但他十七年來多半只提供經費，並在會議期間擔任嘉賓出席致詞。他非常尊重研究生與學會的自主，從未試圖干涉籌辦年會的方式、方向與受邀學者的名單。黃煌雄委員雖然在許多複雜的考量下，決定在 2011 年年會後不再支持 NATSA，但是新一代的學生合議會成員與幹部，對他過去的貢獻與支持，仍抱持深深的感激之情。

羅氏點出的第三項發展局限，絕大多數籌組 NATSA 年會的留學生，在為學會工作若干年後從學校畢業，就返回台灣的大學任教，而不是在北美找工作，與本會也再無直接關係，使學會遲遲無法向上提升，以至於在長達數十年的發展後，仍只是一個研究生年會。這個觀察是最切中 NATSA 要害的一點——人才斷層使舉辦年會的經驗無法傳承，造成會議品質參差不齊。留學生發展海外台灣研究的熱情與貢獻，是真實而且應受肯定的，但他們的過客心態造成整個學會組織鬆散，每個年度的學生合議會各自為政，對學會歷史與擔負的任務認識不清，缺乏向心力與長期發展計畫。

我認為 NATSA 發展成這樣有兩個主要的成因。第一是台研會遺留的形式。黃煌雄先生在二十年前透過台研會開始支持 NATSA 時，最主要的目的是為了解嚴後的台灣，培養一流的台灣研究人才，而不是為北美的台灣研究培養人才。NATSA 在這個面向上，可以說非常出色地達成了被賦予的任務。過去二十年來，參與本會的無數優秀留學生回國服務，成為現今領導台灣學界、法界、商界與政界的中堅分子。黃煌雄委員與台研會近年來已轉而關注其他社會與國家重大議題，認為北美台灣研究學會的階段性任務已達成，所以停止對本會的金援。

我與新一代的學生合議會成員，尊重黃煌雄委員與台研會的決定，但我們同時也認為，北美地區是世界上最大的學術市場，在這裡仍需要一個跨領域與跨學科的台灣研究年會組織，而且這個組織應該是職業學會，如歐洲台灣研究學會般發揮重要功能，提升台灣研究在國際上的能見度和影響力，而不是僅止於一個研究生的論文發表會。因此，在黃煌雄委員和台研會離開後，我們將這個責任承擔下來，開始獨立募款，接觸許多學校和研究機關，建立新的合作關係，在會內進行一系列改革。

第二個原因是年輕台灣研究工作者在北美的就業問題。以台灣研究為碩博士論文主題的人文社會學科畢業生，在北美大學和研究機構謀職有相當難度，尤其是現今市場供過於求，而北美亞洲研究又以中國掛帥。台灣留學生畢業一年後如果無法順利找到工作，要是沒有其他方法延期簽證，就必須離開美國或加拿大返回台灣。

改善人才斷層與返國的問題並非遙不可及，而是需要時間與正確的方向，以及國家、學術界和民間團體適時的支援。例如，台灣政府、私募基金和民間團體，可將一部分現在對北美大學台灣文化歷史課程的資金，由教授薪資轉為短期博士後給職，這樣不但能提供許多剛畢業的優秀年輕學者在北美的工作經驗，同時也延長他們畢業後待在北美的時間，增加他們在這裡找到教職或研究工作的機會。

再者，主導 NATSA 的學生合議會，近年來開始吸引少數美國與加拿大的在地研究生加入，他們將來在北美找到教職的機率相對較大，也願意繼續為學會的發展付出，除了我本身是最好的例子外，還有2013年與2014年擔負起年會設計（conference coordinator/director）重責大任的謝力登和魏仲然。我本人要藉機向他們的許多貢獻表示由衷感謝，尤其是魏仲然，他在我擔任會長的 2014 年二十週年紀念大會上，表現非常出色。

在近幾年的年會，我們在議程設計上也一直在思考，如何幫助年輕學者，藉著發展跨界理論對話，針對北美人文社會科學工作職缺之實際需求，來制定他們的出版及研究計畫。2015年夏天在哈佛大學的會議中，NATSA 開始辦理應徵工作講習，邀請四位教授（包括我自己）來替應屆畢業研究生講述在學術機構求職的常規與技巧，如何多方面增加自己的機會等等。

我想讓讀者們知道，過去兩三年間參與籌組學會的台灣留學生，在心態上已有很大的轉變，學會已朝傳承化與制度化等方向邁進，雖然離我們真正的目標還有一大段距離，但許多針對上述問題的改革與耕耘都在持續進行。這大多都要歸功於在我之前的兩任會長梁志鳴和溫若含，以及他們領導的優秀團隊，在逆境中的許多努力，並且在他們任期結束後仍盡力幫忙我、指導我；我的兩位繼任者涂豐恩（2015年）與許菁芳（2016年），還有他們的團隊，也是在志鳴和若含的組織下運作、成長，秉持與繼承了相同的精神。

俗話說「危機就是轉機」，在共同經歷過倒閉危機，嘗到自行募款的辛苦，承受提升會議品質的沉重壓力後，還願意留下來共同承擔責任的這群學生，是將來台灣研究的珍貴資產。從來沒有人逼他們繼續籌辦學會，也沒有人承諾他們做這件事將來有什麼好處。他們只知道台灣研究在北美需要一個平台，而且在有限的能力範圍內想繼續維持這個平台。這群學生一起挑下這個擔子，作為這個群體的一分子，我深深被他們感動，

圖 9-2　晚宴中切蛋糕慶祝北美台灣研究學會第二十個生日。

右起 2015 會長涂豐恩、中研院蕭所長、2014 年會長楊孟軒、2013 年會長溫若含。

圖 9-5　NATSA 二十周年年會部分與會者合照。

地點在美國威斯康辛大學麥迪遜分校法學院會議室，2014 年 6 月 21 日。

能參與 NATSA 與他們一起工作，我感到驕傲且與有榮焉。

我相信，就算這群年輕學生之後回到台灣，或在其他地方任職，也會繼續關心學會的運作。他們會捐錢；會帶自己的學生來參加未來的學會，因為他們大多已了解本會與北美台灣研究，過去二十年來原地踏步的主因。其實，近年的會議也不乏之前與 NATSA 有關係的學者，開始以常態出席的方式支援本會，但人數仍不多。我們在 2013-14 年，藉著二十周年年會的舉行，加深和本會過去參加者之間的關係。本書的出版，除了記載 NATSA 的歷史發展，另一個目的也是希望喚起過去二十年來曾參與本會的學生和學者，對本會的情感與支持。

四、結語

北美台灣研究學會的改造，並非靠研究生們單獨努力就能完成，而需要在北美有教職與國際台灣研究學者、尤其是掌握學術資源的資深學者們與學術單位的支持。除此之外，中華民國之國家教育與行政資源除了現有對海外研究型大學台灣講座與歷史、文化課程的投入之外，對像 NATSA 這樣的年會適時、適度的支援將為台灣研究在北美創造一個各大學間學者與研究生定期對話與合作的平台，改變蘇利文所觀察到各自為政的情形，在學術出產和影響力的提升上，達到更大的乘數效應。

NATSA 自身也應在學術出版上作努力。最後，加強和北美僑民團體與慈善機構聯繫，爭取支持與合作，是未來的另一個重要課題。我與未來的會長和學生合議會，將就這些面向持續努力。

參考文獻

王玉靜編，2008，《探索與實踐：台研會二十年來的腳步》。台北縣三重市：財團法人台灣研究基金會。

張文義、沈秀華採編，1992，《噶瑪蘭二二八：宜蘭228口述歷史》。台北市：自立晚報社文化出版部。

高格孚，2011，《中華鄰國：台灣閾境性》。台北市：允晨文化。

許維德，1999，〈簡介「北美洲台灣研究論文年會」：兼論台灣研究在美國的發展〉。《台灣史料研究》14：189-200。

陳光興，2006，《去帝國：亞洲作為方法》。台北市：行人。

Corcuff, Stéphane, ed., 2002, *Memories of the Future: National Identity Issues and the Search for a New Taiwan*. Armonk, New York: M.E. Sharpe.

Diamond, Lary et al., ed., 1997, *Consolidating the Third Wave Democracies: Regional Challenges*. Baltimore, MA: Johns Hopkins University Press.

Fell, Dafydd, 2013, "The Birth of EATS." *EATS News: The Newsletter of the European Association of Taiwan Studies*, 1(31 January): 1-4.

Huang, Cheng-Yi, 2010, "Mapping Taiwan Studies in the United States—Reflections on the Experiences of NATSA." Presented at the International Forum on the Past, Present and Future of Taiwan Studies beyond Taiwan: Europe, North America, and Japan Compared. Institute of Sociology, Taipei, Taiwan, November 5-6.

Rubinstein, Murray, 2009, "Is Taiwan Studies Dead? The Death and Transfiguration of a Sub-field." Presented at the European Association of Taiwan Studies Conference, Madrid, Spain, April 16-18.

Sheridan, Derek, 2013, "A Summary Report of the 2013 NATSA Conference."

Sullivan, Jonathan, 2011, "Is Taiwan Studies in Decline?" *The China Quarterly* 207: 706-718.

Tien, Hung-mao, ed., 1996, *Taiwan's Electoral Politics and Democratic Transition: Riding the Third Wave*. Armonk, New York: M. E. Sharpe, 1996.

West, Matthew, 2014, "A Summary Report of the 2014 NATSA Conference."

Winichakul, Thongchai, 2013, "Different Asian Studies." Presented at the 42nd Southwest Conference on Asian Studies, Houston, Texas, October 18-19.

第10章

行動公民、網路世代與台灣研究的未來

許菁芳

多倫多大學政治學系博士候選人

NATSA 2016 第22屆會長

涂豐恩

哈佛大學東亞系博士候選人

NATSA 2015 第21屆會長

鄭肇祺

卡加利大學考古及人類學系博士候選人

NATSA 2015 會議議程統籌

一、前言

2015 年，北美台灣研究學會（以下簡稱 NATSA）邁入第三個十年。對一個以海外留學生為主體的學術組織而言，這絕不是件容易的事。過去二十年，NATSA 曾經遭遇過大大小小挑戰，從組織重整、財務波動，到自身定位的不斷游移與摸索。這些挑戰也反映著大環境的變化，包括這二十年來台灣政治與社會的發展、國際局勢的變遷，以及學術風氣的轉向。

和任何組織一樣，我們在不斷往前進的同時，也必須時時停下來思考：二十年的努力，前人為 NATSA 留下了哪些資產？而 NATSA 又如何在這些長期累積而來、難得的資源之上，能夠往前邁進，並且持續經營？這些問題，不僅出現在成員內部的討論中，也是過去曾經參與過的研究生和學者，以及提供支援的學術機構，在在想要知道的。

從內部來看，NATSA 近年來與台灣內外的研究單位，逐漸發展出制度化的合作關係，而會議本身也吸引了穩定的參與者與幹部人數，甚至在 2013 年於威斯康辛大學成立了第一個分會，這些都是令人樂觀的指標。但過去二十年內 NATSA 所經歷過的問題，並不會因為邁入第三個十年立刻煙消雲散；外部結構的改變，尤其是國際學術與政經環境的變化，對於台灣研究而言，所造成的影響似乎也是好壞參半。

長期被定位為研究生研討會的 NATSA 年會，在它的第三個十年，將會面臨哪些挑戰，又有哪些機會？本文希望圍繞這個問題，以組織者的角度提出幾個觀點。因此，相較於本書其他章節的回顧性質，本文會有較多的篇幅，集中在對於未來的展望。但這不是一份詳細的計畫藍圖，更不是對於未來的預言。我們認為，NATSA 與台灣研究的未來，有待將來的參與者共同創造。本文目的是結合作者參與觀察的經驗，以及對於客觀環境的評估，對前述問題提出我們的看法，或可啟發後來的學會組織者。我們將聚焦在三個主題，第一：社會參與、公共書寫與學術關懷。第二：台灣經驗、中國因素、與全球對話。第三：資訊迅速流通對組織成本的影響。

二、行動公民：社會參與、公共書寫與學術關懷

2010 前後的十年，是台灣歷史又一個公民參與風起雲湧的時代。當然，台灣青年的公共參與其實從來沒有中斷過：各種形式的民主深化參與，審議式民主、社區大學、返鄉，2000 年以來不斷變化、成長；而在街頭與法院出現的議題，關於性別、勞動、言論自由、土地與環境正義的集體行動，更從 2008 年二次政黨輪替以來，遍地開花。2014 年的太陽花運動，當然也是一次具有指標性的事件，它將過去各種大小運動所累計的動能，一次展現出來，也讓各式各樣的議題，隨之浮上檯面。它所引

起的效應，激發的討論，在未來必然還會有影響。這次的運動，雖然參與人員來自社會各階層，但年輕世代在其中扮演的角色，無疑最受矚目。由於青年積極參與公共事務，在社會運動圈甚至學術界已經出現「新學運世代」一詞的說法。

每一個社會運動，或是每一個政經議題及其所引發的種種論戰，其實都是刺激著學術與知識探索的契機。以太陽花運動為例，不管是贊成或反對，不管是積極參與抑或冷眼旁觀，身為台灣研究者的我們，都必須在這場震盪中，尋找自己的思想位置。NATSA 雖然是學術性組織，但也不可能置身於這樣的社會脈動外。

如同二十年前初起步時，目前的 NATSA 成員中，不少人都曾經親身參與過不同型態的社會運動——未來幾年類似現象應該也會持續——他們的經歷會對 NATSA 的未來發展有何影響？我們認為有幾點值得觀察和思考。

第一點，就人際網路而言，許多參與 NATSA 的台灣留學生在出國之前就已經因為學校社團或運動團體的機緣，互相結識。參與 NATSA，等於是在過去的基礎之上再延伸，以不同的組織方式，尋找新的知識關懷策略。換句話說，對於許多曾經參與運動、但選擇出國的留學生而言，關鍵的問題是如何在不同的人生階段及位置，持續進行社會參與。加入 NATSA 可以是有意識的選擇：或從中汲取養分，或視其為持續戰鬥。

但這樣的背景勢必帶來另一種挑戰，那就是如何適當地結合社會關懷與學術研究？理想中的公共知識份子，確實可以從對政治和社會的關懷出發，尋找具有活力的學術議題，同時再以紮實的學術研究，回饋或介入社會。但是，運動者與學術工作者畢竟是兩種截然不同的角色，也有不同的倫理。例如，生產知識的研究者大多同意，研究過程中應該避免過度投射價值判斷，但是在運動中的運動者，卻必然會對公共議題有規範性的主張。台灣社會活力充沛，高度政治化，爭議此起彼落，在受了科班訓練的知識工作者眼中，如何思考與分析自己的生活？此外，就組織而言，NATSA 的定位是一學術團體，不能只是國內政治社會運動的海外延伸，而必須專注、凸顯學術研究的重要性與貢獻。

我們認為，正因為 NATSA 以北美為基地，而非於台灣運作，恰好可以提供一個觀察的距離、反思的空間，可以選擇做一個「入戲的觀眾」。許多 NATSA 的參與者與幹部在學術研究之外，致力於各種形式的社會科學普及化寫作。近年來，從人類學、社會學、歷史學、哲學到政治學，各個學科都相繼利用網路，投入各種政治社會經濟議題的寫作。此類社科普寫作對知識生產，應該能帶來正面的刺激。學術研究中最困難的，是尋找具有意義的問題意識，好的問題不僅來自於深厚的理論涵養與方法論訓練，更可能來自對於現實的觀察。回顧各學科的學術史，具時代開創性的爭論，往往都是來自對於當代議題的反響。換句話說，下一代的台灣研究會走向何方？答案恐怕不一定會出現在教科書上或圖書館裡，而會在現實與虛擬的社會互動中，逐漸茁壯成長。

不過，也許有人會質疑，NATSA 的學生運動（student activism）歷史，會不會導向單一的政治意識形態？就過去幾年的年會而言，我們所看到的，毋寧說是各種不同意識形態的交錯和辯論。例如，NATSA 在左右光譜上，並無單一的立場；各種知識論、不同研究方法及從各派別立場的文章，也都能在年會中獲得發表機會。參與成員之間，傳統的政治光譜上各不相同的立場也都存在。

我們相信，未來 NATSA 活動規劃中，最重要的還是如何讓來自不同領域的研究者，能夠以台灣為交集，展開豐富的對話。例如，2015 年於哈佛大學舉行的年會中，我們設計了一個特殊的圓桌論壇 “Rethinking Global Protest: A Conversation between Taiwan and the World”，三位講者分別來自香港、斯洛維尼亞、與美國波士頓當地，他們的研究皆非以台灣研究為主，也有完全不同的知識背景：文化研究、政治人類學和新聞媒體。三位講者提供豐富的經驗題材與理論觀點，而在場的觀眾，作為研究台灣的學術工作者，則提出許多評論與回饋。換句話說，多元背景會為討論品質帶來正面的影響，而這也是身為學術交流平台的 NATSA 應該做的。

正如學會宗旨中所說：「台灣是一個路徑，幫助我們對於當代人類社會有更深的了解，對於不斷變化的全球環境有更複雜的反省。」這應該是 NATSA 的定位。換句話說，台灣不是附屬在任何研究下的次要議題，也不只是國家或世界系統下的「區域」或「案例」。台灣可以是一個空間，一個「方法」，一個修正理論的過程，也可以是實踐知識的舞台，由此出發，任何能對話與互動的學術研究，都應該是 NATSA 交流的對象。

三、國際環境：台灣經驗、中國因素與全球對話

最近幾年 NATSA 的會議規劃，都可以反應上述的觀點和立場：不以台灣為局限，而是以奠基於台灣的社會、文化現象，介入現有的人文與社會學科的思潮和理論。以 2014 和 2015 年的會議為例，我們以時間與空間的流動作為框架，會議的討論既能回應台灣研究的主題，也能面對各自學科會議的提問，同時檢視學科與學科之間的連接及空隙。換言之，既是帶出「台灣」的獨特性，又能凸顯它在理論上的可比較性。

為了達到這個目的，我們在安排會議議程時，也不再單純以學科為界、或以時間／代區分，而是著重各文章的理論貢獻。舉例來說，2015 年會議中的「台商」場次，就橫跨了不同學科——包括地理，社會學與國際關係——因為該主題本有不同的面向，既是關乎資本的流動，也和台灣整體經貿策略有密切的關係，更是人與人相處的生命經驗。從結果看來，這樣的安排

更容易串連起相關的論述，也帶動更多元和廣泛的討論。

除了不同的學科的對話，同樣重要的是不同區域間的比較，將台灣放入全球脈絡之中。NATSA既然立基於北美，就應該充分與在地的資源結合；同時，爭取多元背景的成員，保持觀點的多樣性，也將是未來發展的重要任務之一。例如，近年來的會議籌備委員中，有數位非台灣籍的博士生，也有第一代與第二代的台裔移民。這些愈漸多元的成員背景，對NATSA拓展學術網絡，加強組織的反思與對話能力，應該會帶來正面的影響。

而在會議的安排上，我們同樣希望凸顯台灣與世界的互動。以2015年的會議為例，籌備委員會邀請了三個並非專門（或不只）研究台灣的學者，擔任開幕論壇的來賓，並商請他們各自的角度向台灣研究「發問」，包括麻省理工學院（Massachusetts Institute of Technology, MIT）的Emma Teng、哈佛大學的Karen Thornber，與多倫多大學的Ito Peng；閉幕論壇，則由台灣研究的專家回應他們所提出的問題，包括波士頓大學的Robert Weller、哈佛亞洲學報主編Melissa Brown、布朗大學的Rebecca Nedostup與當時任教於衛斯理大學的Dennis Weng。在論壇的對話當中，亦觸及了「如何將台灣放入比較研究的視野」這樣的問題。2014年的會議中亦曾有「愛爾蘭與台灣」的論壇，是個新鮮兼具有啟發性的嘗試。

但在引進全球脈絡的同時，台灣研究仍有個無法迴避的議題：與中國研究的關係。近年來的「中國熱」明顯擠壓到以台灣研究為主題的學生、學者所能申請的經費，以及可拓展的學術市場；大批進入北美高等教育系統的中國留學生，也形成了極大的競爭壓力。台灣已經不再是「中國社會研究的實驗室」，台灣研究的定位勢必也要做出相應的調整。

我們認為，台灣研究並不必然因為中國研究興起而式微；相反地，台灣的地緣位置與人文經驗，反而讓台灣研究在面對中國，以及因中國而起的各種研究課題時，有著獨特的優勢。新一代研究者如果能從台灣出發，在面對中國時，確實可能提出洞見。比方說，當英文世界的研究關注中國的硬軟實力時，關心台灣的學者卻發展出了「權貴資本主義」的概念。另一方面，台灣與中國之間曖昧矛盾的關係，正好創造了與中國、日本、韓國、甚至是東南亞研究的對話空間：中國之於台灣可以是兩岸關係，中國之於日台韓可以是區域霸權，中韓日台之於越菲印尼，則可以是跨國資本與勞動的研究。中國的崛起為台灣研究帶來了新的可能性，新穎獨特的中國研究可以是台灣研究的一部分，甚至是可以是台灣研究的強項；一個把中國納進台灣觀點的研究、把中國包含進亞洲區域的研究。透過台灣，世界可以看見不一樣的中國。

四、網路世代：組織成本降低，資訊流通快速

網路媒介對台灣研究社群帶來的影響，是另一個在近年來的NATSA籌備過程中值得注意的現象。使用各種網路工具促進了資訊的流通，溝通成本降低，組織成本也隨之降低。

NATSA草創時期只能仰賴電話。現任教於東海大學的黃崇憲教授描述多年前的組織經驗：「當時我們要開會，從東岸打conference call到中西部、再打電話到西岸，等全部的人都連上線，一個小時就過去了」。現今的NATSA溝通則仰賴網路，人際網絡也在虛擬的網路空間中串連。會議籌備皆以免費的網路通話，或者是允許多方同時上線的通訊軟體進行。長達一年的籌備過程，可以完全沒有實體的互動。交換文件也有很大的改變：從只能單點來往的電子郵件，到共享線上文件夾，再到可以多方同時編輯的線上檔案。在電子郵件的時代，一份文件由數人修改多次之後，將正確版本寄給正確的收件者，就需要花費額外的時間反覆確認，也十分容易出錯。雲端空間的出現，讓本來需跨越空間／時間障礙的組織經營，變得即時、快速且同步。甚至，這允許籌備幹部反過來掌握時差：我們利用不同幹部在不同時區的優勢，接力編輯處理事務。

近年，學會也建立審查稿件的網路系統，一方面方便投稿者，另一方面也大幅減低籌備幹部與與審稿學者的溝通成本。匿名稿件審查制度目的有二：第一，每份投稿都有兩位相關領

域學者的審查意見，提升選稿的客觀與專業度。第二，無論學會是否接受投稿，投稿者都能獲得對於其研究深度、正確度與寫作技巧三大選稿標準的回饋，供投搞者參考改進。

站在學會的角度，審查稿件是拓展學會人際網絡的重要活動，也是確保年會品質的關鍵時刻，良好的審查制度對學會的發展而言，有絕對的重要性。網路審查系統在近兩三年成立之後，不斷精益求精，近年運作十分良好：首先，籌備幹部可快速地收集大量稿件。尤其在截止日當日，稿件大量湧進時，不易有漏網之魚。其次，投稿者與審稿者從不同的介面登入，確保私密性。第三，籌備幹部無需手動收集及寄出稿件，審稿者無需來回確認，故能大大減少審稿時間。事實上，從投稿截止日到公佈入圍名單，我們只需要一個多月的時間。也難怪投稿系統廣受好評，成為投稿者與審稿者雙方面都稱許的制度。

五、NATSA 的學會化計劃及展望

二十年來，NATSA 完全仰賴無給職的幹部。為求進一步的學會發展，同時為北美的台灣研究人士在學術圈內外都能各展所長，於 2016 年 8 月開始，NATSA 將進行為期三年之組織發展計畫，目標主要為學會制度專業化，從而拓展及加強會員之間的學術網絡，並提供相關研究資源給學會內部的成員。這項

計畫的長期目標，則為組成跨學科的團體，協力發行學術刊物。

學會於 2015 年底開始計畫內部人事重整，包括招募執行秘書、調整籌備委員會組織架構。過去，學會的運作方式以年度研討會為核心，學會人員等同於會議的籌備委員會。在學會組織轉型過後，年度研討會仍將是學會最重要的學術活動，但將有執行秘書協助，可以減少幹部行政的負擔，將人力解放出來。學會也掌握參與者的數字與聯絡方式，以持續發展其他業務，並進行推廣及統籌各計畫。

由於學會的專業程度仰賴於其成員的學術能力，故拓展學會的人際網絡，深化會員之間的連結是不可忽視的組織工作。在組織深化方面，主要工作項目有二：一方面增加個人會員，另一方面增加分會或學會專案小組的數量及功能。具體來說，組織深化的行政工作準備，包括建置會員名單、台灣研究資料庫、學會網站內建置會員系統、結合年度研討會招募會員、發行會員刊物、於年度研討會中舉辦會員大會等。此等工作都是透過網站資源的整合，我們希望將學會網站建置為台灣研究的入口網站與檔案室（archive）。近年來有許多優良的中英文媒體出現，提供許多優質的台灣政經社分析，甚至是更深入的農漁業及環境報導。對研究者而言，這是寶貴的資產；對 NATSA 而言，將這些資訊推上研究者的雷達，是重要的任務。另一方面，近年來我們也觀察到有許多具有延續性的研究主題。例如風起雲湧的公民運動，明顯吸引了許多不同領域、不同階段的研究者的興趣。將這些研究收集統整，也是學會作為北美台灣研究網絡中心的重要工作。

另一項組織工作是發展會員制度。直觀地說，會員在註冊年會時得到優惠，也可透過會員身份使用台灣的研究資料庫。網站會員區將提供學會過去數年的會議資料(如報告、議程、論文摘要)、台灣研究的書目及與台灣研究有關的課程綱要。會員制另一重大發展目標，是在未來數年內透過全體會員選舉，選舉出新任會長與籌備委員，擴大制度化的參與網絡。

除了個人會員之外，分會會員也是組織發展的下一步。學會的第一個分會在 2013 年於威斯康辛大學麥迪遜校區正式成立（NATSA-WIC）。近年來，學會本會與 NATSA-WIC 互動良好，我們認為該模式可以拓展。接下來這幾年，學會將鼓勵在同地區的會員在當地組織分會，自行舉辦學術活動，學會可提供不同形式的支持：如學術人員交換、知識共享、或分擔部分財務。為了鼓勵會員發展各自具特色及意義的計劃，學會將試行提撥發展基金：自 2016 年開始，每年逐步提撥小額金額（美金 1,000 元至 2,000 元）至「北美台灣研究及成果普及種子基金」，開放給學會會員申請，鼓勵學會會員與 NATSA 分會於各地舉辦台灣研究的學術活動。學會也會在每年的年度研討會中安排時間，宣傳並組織會員發起活動。

當然，學術組織最重要的工作仍然是出版。前述的組織與資源準備都是為了提升學會的出版能力。我們已設立中程目標，計劃與位於北美之區域研究期刊合作出版《台灣研究特輯》，合作模式可由學會中徵求一位北美的台灣研究學者擔任客席編輯，並自學會執行委員中派出一名委員擔任行政編輯，二人從年度會議中選出數篇論文，協助作者修改並編輯成期刊特輯。在期刊特輯的模式相對穩定後，學會之亦可發行年度刊物，其形式為期刊或專書，主題交由每年執行委員會決定。

六、總結及展望

邁入第三個十年的NATSA，和過去一樣面臨著各式各樣的挑戰，但我們也從其中發現了許多新的機會與可能性。綜合以上的討論，我們認為有幾個重點值得持續地思考和關注。第一是社會參與和學術研究的關係。我們認為，與其僵化地在兩者之間畫下清楚的界線，不如保持批判的眼光，看待它們之間向來密切的關係，並探索這兩者如何給予彼此新的能量。我們強調要保持批判的眼光，是因為認識到它們的相互衝突之處，但多數時候，兩者可以維持更為正向和積極的關係。

其次，國際局勢與中國的崛起，不意味著台灣研究的必然式微，而是表示它面臨新的外在環境時，必須尋求新的脈絡，重新定位。過去幾年的年會中，幾位出席的資深學者屢屢提到比較研究的重要性，說明這應該是海外的台灣研究應該努力的方向。但比較研究不易，過去我們熟悉的台灣／中國、台灣／香港，抑或是台灣／日本／南韓的比較，究竟帶給了我們什麼樣的洞見與不見，應該是個在學術史上充滿意義的課題。

同樣地，網路與數位資源的興起，也意味著台灣研究——特別是海外的台灣研究——有了新的契機，它一方面讓組織內部的聯繫與作業更為便利，也讓北美方面研究者互動網路更容易建立，另一方面也讓傳統學術象牙塔的內外界線逐漸模糊，創造了研究者與社會更為頻繁的互動。

在上述外在環境不斷變化的同時，NASTA 本身勢必也需要作出相應的調整。這正是我們推動學會專業化的原因：以北美學術圈其他專業的學會為範本，兼顧台灣研究本身的特性，以求能夠更有效地應用資源，並發揮研究者在各自位置上的影響力。我們期待學會持續扮演重要的角色，延續、推動台灣研究的未來發展。

圖 10-1　NATSA 2015 籌備委員會

後排左起：楊子樵（加州大學柏克萊分校）、徐詩雲（英屬哥倫比亞大學）、謝大洋（威斯康辛大學麥迪遜分校）、王宏恩（杜克大學）、哥倫比亞大學的魏仲然（Matt West）、加州大學爾灣分校（University of California, Irvine）的沈伯洋、林鈺涵（哥倫比亞大學）、亨特學院（Hunter College）的林德諾（Daniel Lin）。

中排左起：王奕成（威斯康辛大學麥迪遜分校）、洪于婷（威斯康辛大學麥迪遜分校）、張宇慧（明尼蘇達大學）、陳怡臻（威斯康辛大學麥迪遜分校）、劉孟欣（明尼蘇達大學）、葉信鴻（哈佛大學）、駱怡辰（哈佛大學）、吳瑞智（波士頓大學）、洪堡大學（Humboldt University）的邵允鍾、賓漢頓大學（SUNY Binghamton）的巫潔濡、曾雅蘭（南加州大學）、王正彤（加州大學爾灣分校）。

前排坐者左起：彭琪庭（加州大學聖塔芭芭拉分校）、許菁芳（多倫多大學）、涂豐恩（哈佛大學）、卡加利大學（University of Calgary）的鄭肇祺。

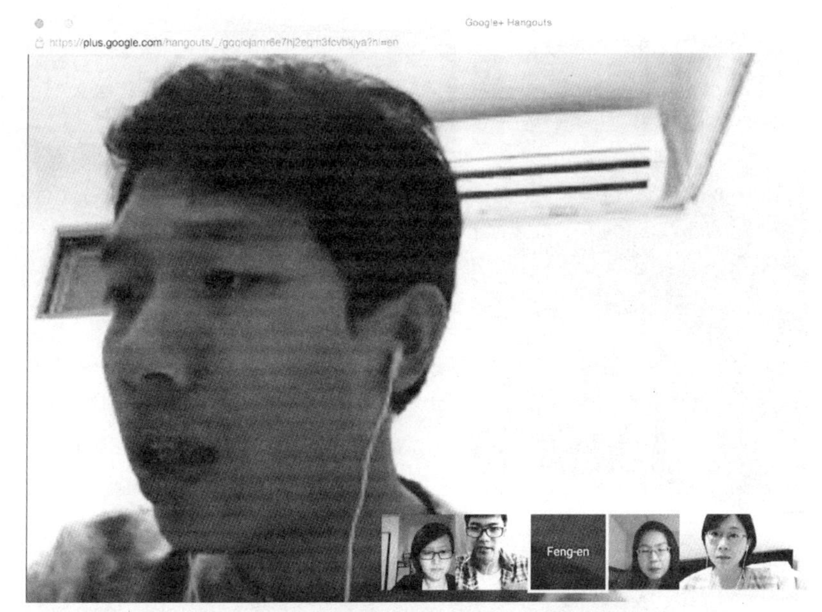

圖 10-2　NATSA 2015 籌備會議過程，絕大多數以網路進行。

我們於 2015 年開始大量使用 google hangout 進行線上會議。圖片為 2015 年 5 月，會議前最後一次核心幹部的協調會議，當時幹部們分居四個時區。圖片中大螢幕為會長涂豐恩，右下方較小人頭像左起為彭琪庭、鄭肇祺、駱怡辰、許菁芳，尚有一名幹部劉孟欣當時不在線上。

圖 10-3　NATSA 2015 於哈佛大學舉行。
本次會議地點亦同時舉辦陳澄波畫展，照片後方牆上為陳澄波基金會提供之複製畫。右圖為會議前間舉行的陳澄波畫展導覽。

圖 10-4　NATSA 2015 Openning Roundtable
左起：哈佛大學教授 Karen Thornber；多倫多大學教授 Ito Peng；麻省理工學院教授 Emma Teng；中央研究院研究員劉士永。

圖 10-5　NATSA 2015　Panel 進行中。

NATSA 2015 有許多 skype-in 的發表者。

附錄 1

NATSC 的成立
首屆會長的回憶

林佳龍
台中市長
NATSC 1995 第 1 屆會長

1991年我到耶魯攻讀博士學位，是台灣解嚴後，第一批出國以台灣作為研究主題的學運世代；因為在解嚴前，台灣研究是禁忌，當時的我，就是在碩博士論文中以台灣為主題的第一代。後來我在耶魯號召了具有相同研究興趣的社群，再進一步發展到整個美加地區，當時便統稱為「北美洲台灣研究社群」。

「北美台灣研究學會」（North American Taiwan Studies Association, NATSA）是我所發起的台灣研究組織。1994年，我以耶魯作為基地，嘗試性的邀請美加各地研究台灣的留學生及學者，共同發表論文，當時是「1994留美學生台灣學術研討會」報名很踴躍，有近百人來參加，大家也對成果十分肯定。

第0屆的研究年會落幕後，與會者倡議共同籌備年會組織，我被推選為會長。隔年，因為預計是由會長所在地舉辦年會，因此1995年的「第一屆北美洲台灣研究年會」（North American Taiwan Studies Conference, NATSC），便在耶魯正式登場。

至於籌備研究會及舉辦研究年會的經費，其實，我在出國前，就在台灣參加由黃煌雄主持的「台灣研究基金會」舉辦之論文研討會，因為這層關係，第0屆NATSC就是尋求台灣研究基金會的贊助，到了第1屆NATSC，基金會更共同具名為合辦單位。

當初籌備研究會及年會時，一開始是由我一個人辦起來的，主要協助我的人，就是當時尚未與我結婚的廖婉如。那時候她在耶魯念管理學院，舉辦年會時，場地是借用管理學院的系館，大大小小論文的印製、會議的行政工作，都在管理學院進行，包括安排台灣同鄉和學生處理住宿等，也都得力於她的協助，我們兩人一手包辦。

第0屆 NATSC 時，參與者主要來自美東地區，包括耶魯、哈佛、哥倫比亞、威斯康辛、華府、亞特蘭大等地，遠一點的也有加州和德州的參與者，主要都是由我來邀請。隔年的第1屆NATSC，參與者則擴展到整個美加地區，甚至還有來自歐洲、日本的研究者，成為全世界的活動，論文也是透過徵選，很組織化的進行籌備工作。

幾年後，學運世代的我們陸續返台發展，加上台灣研究已經擴展到一個段落，成為很普及的研究主題，台灣研究基金會便調整重點項目，新生代論文研討會後來便在1997年停辦。

過去由黃煌雄主持的台灣研究基金會，因為黃煌雄當時擔任立法委員，基金會舉辦的新生代論文研討會，便聚集許多關心台灣的研究者。這群人對台灣的民主發展擁有共同的關懷，出國後就很自然地把彼此的連結關係發展到國外。我們這一世代，是參與台灣民主轉型的一代，也是出國研究台灣議題的一代，兼具親身經歷與學術研究的雙重身分。

台研會某種程度是台灣研究的平台，也是培育人才的搖籃，如果當初沒有台研會、以及後來的 NATSA，我們這群第一代的留學生和學者，就會各自為政，當然也會走得比較辛苦。有了台研會和NATSA，讓很多人得以彼此認識，並進而協助他們更深入研究台灣的發展；此外，更提供這個學術世代有一個交流的平台、學術創作的資料，促進這群人關心並改變台灣。

當年到美國留學、關心台灣的研究者，幾乎都參與過NATSA的活動，當年的經歷成為很珍貴的資產。隨著這群人進入中壯年，對台灣社會的影響力也因此愈來愈大。

如今，隨著台灣研究普及、成為主流，回顧二十年來NATSA的發展，當年扮演領導者角色的我們，陸續回到台灣，加上民主社會中沒有研究禁忌，學術關懷也趨於多元化，因此又進入新的階段，有了第二代的研究者接續下去，但對台灣的影響力，也就沒有當年那麼顯著。

我從參加台灣研究基金會、成立NATSA、到回台灣後成立台灣智庫，三個階段的經歷，代表的是力量的擴散，從一般學生、學者的研究工作，轉化為強烈以學術為基礎影響公共政策；透過智庫，過去的人脈和經歷也有了進一步的發展。三個組織，更讓解嚴前後這一世代，受惠於這樣的平台，進而發揮更大的影響力。

無論是用研究論文的學術去影響政治，或是轉而直接參與政治，雖屬不同途徑，但同樣都是尋求知識分子參與政治、改革社會的一種實踐之路。過去這些組織，對我們的幫助這麼大，很有貢獻，影響了很多跟我一樣、以及跟我不一樣的人。

附錄 2

NATSC 發起人名單

刊於第一屆北美洲台灣研究論文年會（The First Annual Taiwan Studies Conference in North America）手冊最終頁。原文如下：

INITIATORS: Szu-chien Hsu, Chieh-min Wu, Yi-fen Tau, Jerry Huang, Kuan-yi Yu,
Kuei-ling Chiu, Ling-chi Chen (Columbia U.);
Yu-chen Li, wei-wen Ke (Cornell U.);
Chih-jou Chen, Ya-chung Chuang (Duke U.);
Lung-chih Chang, Jau-yuan Hwang, Ying-chih Liao (Harvard U.);
Nai-wen Kuo (Johns Hopkins U.);
Pei-fen Sung, Wan-ying Yang, Chun-po Lin (Michigan State U.);
Henry H. Chen-Cheng (New Jersey Medical School);
Chin-kuei Liao, Tao Liu (New School for Social Research);
Hsiu-i Yang (Stanford U.);
Wei-der Shu, Chau-yi Lin (Syracuse U.);
Tze-lun Lin (SUNY);
Chia-lung Lin, Kuo-ming Lin, Cheng-liang Kuo, Wen-mei Rei, Ming-chi Cl
Yun Fan, Chou-jen Chen (Yale U.);
Shenglin Chang (UC Berkeley);
Chi-wen Lin, Te-lun Tung (UCLA);
Jien-mei Lee (UCSB);
Chang-ling Hwang, Jui-jen Wu (U. of Chicago);
Duu-jian Tsai, Ming-ching Lo, Yung-ming Hsu (U. of Michigan);
Peter Kang, Hua-chen Liu (U. of Minnesota);
Cheng-fang Lo, Feng-huang Ying, Tong-yi Huang (U. of Taxas);
Shih-chieh Weng (U. of Wisconsin).

參與者中文姓名：

Columbia U.：徐斯儉、吳介民、陶儀芬、黃國城、余冠逸、邱貴玲、陳綾琪

Cornell U.：李玉珍、柯蔚文

Duke U.：陳志柔、莊雅仲

Harvard U.：張隆志、黃昭元、廖英智

Johns Hopkins U.：郭乃文

Michigan State U.：宋允文、楊婉瑩、林俊伯

New Jersey Medical School：陳鄭弘

New School for Social Research：廖錦桂、劉導

Stanford U.：楊秀儀

Syracuse U.：許維德、林朝億

SUNY：林子倫

Yale U.：林佳龍、林國明、郭正亮、雷文玫、陳明祺、范雲、陳昭如

UC Berkeley：張聖琳

UCLA：林繼文、董德倫

UCSB：李金梅

U. of Chicago：黃長玲、吳叡人

U. of Michigan：蔡篤堅、駱明正、徐永明

U. of Minnesota：康培德、劉華真

U. of Texas：羅正方、應鳳凰、黃宗儀

U. of Wisconsin：翁仕杰

附錄 3

1994-2016 年歷屆「北美台灣研究學會」開會地點、主題、會長（現職）

屆次	年次	開會校園	主題	會長（現職）
0	1994	Yale University	Inaugural North American Taiwan Studies Conference	Chia-lung Lin 林佳龍（現任台中市長）
1	1995	Yale University	History and Nationalism	
2	1996	Michigan State University	The Politics of Ethnicity and Identity	Jih-wen Lin 林繼文（現任中研院政治所研究員）
3	1997	University of California, Berkeley	Mapping the Terrain of Taiwan Studies	Chung-Hsien Huang 黃崇憲（現任東海大學社會學系助理教授）
4	1998	University of Texas, Austin	Putting Taiwan in Global Perspective	Mei-Lin Pan 潘美玲（現任國立交通大學人文社會學系副教授）
5	1999	University of Wisconsin, Madison	Re-Imagining Political Community: Taiwan Facing the New Millennium	Wei-der Shu 許維德（現任國立交通大學人文社會學系副教授）
6	2000	Harvard University	Taiwan 2000: Envisioning a Pluralistic Future	Tze-Luen Lin 林子倫（現任國立台灣大學政治學系副教授）
7	2001	Washington University, Seattle	Seeking Taiwanese Perspectives: Interdisciplinary Reflection and Dialogue	Chien-Juh Gu 辜千祝（現任 Western Michigan Univeristy 社會學副教授）

<table>
<tr><td>8</td><td>2002</td><td>University of Chicago</td><td>Power, Knowledge Production, and Agency: Towards a Critical Taiwan Studies</td><td>Hsiu-hua Shen 沈秀華（現任國立清華大學人文社會學研究所副教授）</td></tr>
<tr><td>9</td><td>2003</td><td>Rutgers University</td><td>Changes, Continuity and Contestations in the Taiwanese Society</td><td rowspan="2">Jeffrey Hou 侯志仁（現任美國西雅圖華盛頓大學景觀建築系教授兼主任）</td></tr>
<tr><td>10</td><td>2004</td><td>University of Hawaii, Manoa</td><td>Taiwan Studies in Comparative Perspectives</td></tr>
<tr><td>11</td><td>2005</td><td>University of Colorado, Boulder</td><td>Difference, Democracy, Justice: Toward an Inclusive Taiwanese Society</td><td>Chun-Chi Wang 王君琦（現任國立東華大學英美與文學系副教授）</td></tr>
<tr><td>12</td><td>2006</td><td>University of California, Santa Cruz</td><td>Crossing the Borders, Fostering the Future: Taiwan Studies in the Intersections</td><td>Frank Cheng-Shan Liu 劉正山（現任國立中山大學政治學研究所副教授）</td></tr>
<tr><td>13</td><td>2007</td><td>University of Wisconsin, Madison</td><td>Taiwan in the Nexus of Empires</td><td>Huey-Tyng Gau 高慧婷</td></tr>
<tr><td>14</td><td>2008</td><td>Washington University, Seattle</td><td>Translating the Political, Re-visioning the Social: What's the Next Turn for Taiwan?</td><td>Cheng-Yi Huang 黃丞儀（現任中央研究院法律學研究所副研究員）</td></tr>
<tr><td>15</td><td>2009</td><td>University of Texas, Austin</td><td>Locating Taiwan: Space, Culture and Society</td><td>Hsun-Hui Tseng 曾薰慧（現任香港中文大學社會科學院性別研究課程助理教授）</td></tr>
</table>

16	2010	University of California, Berkeley	China Effect: Securing Taiwan in an Age of Conflicts and Cooperation	Yi-tze Lee 李宜澤（現任國立東華大學族群關係與文化學系助理教授）
17	2011	University of Pittsburgh	The Trajectory of Taiwan in a Global Context	Hsin-Yang Wu 吳欣陽（現任常在國際法律事務所律師）
18	2012	Indiana University, Bloomington	Taiwan: Gateway, Node, Liminal Space	Chris Chih-Ming Liang 梁志鳴（台北醫學大學醫療暨生物科技法律研究所助理教授）
19	2013	University of California, Santa Barbara	Taiwan in Theory	Laura Jo-Han Wen 温若含（美國威斯康辛大學麥迪遜校區博士候選人）
20	2014	University of Wisconsin, Madison	The Zeitgeists of Taiwan: Looking Back, Moving Forward	Dominic Meng-Hsuan Yang 楊孟軒（美國密蘇里大學歷史系助理教授）
21	2015	Harvard University, Boston	Motions and the Motionless: (Dis/Re-) Connecting Taiwan to the World	Feng-En Tu 涂豐恩（哈佛大學東亞系博士候選人）
22	2016	University of Toronto, Canada	Taiwan Studies in Trans*Perspectives: Transdisciplinary, Transnational, and Transcultural	Ching-Fan Hsu 許菁芳（多倫多大學政治學博士生）

附錄 4

NATSC 組織章程（1996 年）

北美洲台灣研究論文年會籌備會
組織章程

第一條　名稱

本會定名為『北美洲台灣研究論文年會籌備會』。

第二條　宗旨

本會成立的宗旨在於每年舉辦北美洲台灣研究論文年會，以促進台灣學術研究。

第三條　會員

第一節

本會會員分為一般會員及贊助會員。凡於北美洲從事台灣研究，或熱心推動台灣學術研究者，可申請成為本會一般會員或贊助會員。其它人士可申請成為本會贊助會員。

第二節

欲申請成為本會會員者，應提出申請，經會員一人推薦，向人力資源委員會提出。人力資源委員會應於下一次執行部會議中提出報告。經執行部通過之會員申請人，於繳交會費後，成為本會會員。

第三節

一般會員年會費美金十元。贊助會員年會費美金二十元。年會費應於每年會員大會後六個月內繳清。屆時未繳者，財務應通知補繳。四個月內仍未繳清者，即自動喪失本會會員身份。

第四節

一般會員得出席會員大會、提出動議、參與討論、表決、被選為職員；除被選為職員或常設委員會委員外，其餘一般會員必須至少列席一個常設委員會。贊助會員得參與本會所舉辦之活動，並收取本會之通訊。

第五節

會員欲退出本會者，應通知秘書，秘書應於下一次執行部會議中提出報告。

第六節

本會不應因會員之種族、國籍、宗教信仰、血統、性別、年齡、政治主張、性別偏好、身體殘障、或婚姻狀況不同而有差別待遇。

第四條　職員

第一節

本會職員包含會長一人，副會長一人，秘書一人，財務一人，於每年會員大會中投票表決產生；總幹事一人，由執行部通訊表決產生。

第二節

會長為執行部會議及會員大會主席，對外代表本會。副會長襄助會長處理會務。

第三節

秘書繕寫會員大會之會議紀錄，保管本會檔案及文具，開啟本會信箱，製作會員通訊錄，將信函轉交有關之執行部或委員會處理，並傳達執行部或委員會之會議紀錄予一般會員。

第四節

財務應管理本會銀行帳戶，根據大會及執行部決議收支會款，製作帳冊。具名捐款應於收到該款項一個月內發出收據。

第五節

總幹事在不違背執行部決議下，負責研討會所在地之所有行政工作。

第六節

任何會員不得同時擔任一個以上的職務，同一職務不得連任兩次以上。職員任期均到新任職員產生、接任為止。新任職員應於產生後一個月內接任。

第五條　會員大會

第一節

本會每年應召開一次會員大會。開會通知應由秘書於會議一個月前傳達一般會員。

第二節

會員大會中應選舉三人組成稽核委員會，核對財務之帳目，於兩月內向執行部提出報告。

第三節

一般會員的四分之一構成會員大會開會額數。

第六條　執行部

第一節

本會選舉三至九人與職員及常設委員會主席組成執行部。

第二節

執行部負責每年召開『北美洲台灣研究論文年會』；執行部成立後六個月內，必須提名選舉總幹事；於會員大會休會期間，在不違背章程及本會決議下，管理本會事務與審核常設委員會活動預算，並在會員大會時，向本會提出管理此類事務之建議。

第三節

執行部會議應至少每兩月召開一次。會長認為有必要時，可召開執行部特別會議。執行部成員四人要求時，必須召開特別會議。

第四節

執行部成員六人構成執行部會議的開會額數。

第七條　委員會

第一節

本會設人力資源、出版、募款及電子資訊等常設委員會。所有常設委員會於會員大會中選舉組成。委員出缺時，可由一般會員通訊表決產生。

第二節

人力資源委員會成員五至七人。該委員會負責了解及整理從事或關心台灣學術研究人士之資訊，並於會員大會及執行部會議時提出報告。

第三節

出版委員會成員五人。該委員會負責『北美洲台灣研究年會』論文集出版事宜，並於會員大會及執行部會議時提出報告。

第四節

募款委員會成員五人。該委員會負責籌措本會基金，並於會員大會及執行部會議時提出報告。

第五節

委員會主席由各委員會委員互選產生。任何會員不得同時擔任一個以上之常設委員會主席。列席常設委員會之一般會員應參加該委員會之討論與活動之執行，但不得參與該常設委員會會議之表決。

第六節

委員會應於其成員卸任前一個月與會員溝通，了解會員擔任新委員之能力與意願，並在委員會改選時提出候選人名單。

第八條　議事準則

在任何情況下，最新版之 Robert's Rules of Order 一書中所包含之規則，符合本會需要，與本會章程、決議不牴觸的部份，均可適用於本會。

第九條　章程之修改

本章程可於年度會員大會中，以表決數的三分之二同意修改之。此項修改案應於會員大會開會前向秘書提出，否則不得列入議程。

英文版本

Constitution of the Preparatory Council of the Annual North America Taiwan Studies Conference

Article 1. Name

This organization shall be named the Preparatory Council of the Annual North America Taiwan Studies Conference.

Article 2. Purpose

The purpose of this organization shall be to promote Taiwan studies and convene conferences regarding Taiwan studies.

Article 3. Member

Section 1.

This organization shall have Regular Members and Sponsor Members. The following persons are eligible to apply to become a Regular Member or Sponsor Member: Taiwanese researchers or students affiliating with academic institutions in the North America, non-Taiwanese researchers or students engaging in Taiwan studies, or any person who is interested in promoting Taiwan studies. All the others are eligible to apply to become a Sponsor Member.

Section 2.

Application of membership shall be recommended by at least one member and submitted to the Human Resource Committee. The Human Resource Committee shall propose the application in the nearest Executive Board meeting. Membership shall be activated upon the approval of the Executive Board and the payment of membership fee.

Section 3.

The annual membership fee is $10 for Regular Members, and $20 for Sponsor Members. Membership fee shall be paid no later than six months after the Convention. The Treasurer shall notify members of overdue membership fee. Membership is deactivated if membership fee is not paid four months after the overdue notification.

Section 4.

Regular Members have the right to participate in the Convention, make proposal, participate in discussion, vote, and be elected as the Officers. Regular Members who are not elected as the Officers or members of the standing committees shall participate in at least one Standing Committee. Sponsor Members have the right to participate in all activities conducted by this organization, and receive newsletters of this organization.

Section 5.

The Secretary shall be notified of the withdrawal of membership, and propose the withdrawal of membership in the nearest Executive Board meeting.

Section 6.

Members of this organization shall not be discriminated against by differences in ethnicity, religious belief, kinship, gender, age, political belief, sexual preference, physical feature, or marital status.

Article 4. Officers

Section 1.

The Regular Members shall elect by ballot a President, a Vice President, a Secretary, and a Treasurer in the annual Convention. The Executive Board Members shall elect by mail a General Manager.

Section 2.

The President chairs the Executive Board meeting and Convention, and represents this organization. The Vice President shall assist the President on managing organization affairs.

Section 3.

The Secretary shall transcribe and keep the record of the

Convention, keep the documents and properties of this organization, open the mailbox of this organization, produce the mailing list of members, transfer letters to the Executive Board or Standing Committees, and mail to members the records of the Executive Board meetings or Standing Committee meetings.

Section 4.

The Treasurer shall keep the bank account of this organization, manage organization finance according to the decisions of the Convention or the Executive Board, and issue receipt for all donations.

Section 5.

The General Manager shall, in accordance with the decisions of the Executive Board, be responsible for all administrative affairs in the location where the annual conference shall take place.

Section 6.

A member shall take no more than one office in the organization, and serve no more than two consecutive terms in the same position. A term of office is completed upon the election of new officer.

Article 5. Convention

Section 1.

This organization shall hold a Convention each year. The Secretary shall notify the members one month before the Convention.

Section 2.

The Convention shall elect three members to compose the Audit Committee to examine the accounts of this organization, and report the result to the Executive Board within two months.

Section 3.

The Convention shall be convened with the presence of no less than a quarter of the Regular Members.

Article 6. The Executive Board

Section 1.

The Executive Board is composed of three to nine Directors elected by the Convention, the Officers, and chairs of the standing committees.

Section 2.

The Executive Board shall convene the annual North America Taiwan Studies Conference, nominate and elect the General

Manager within six months after the establishment of the Board. When the Convention is in recess, the Executive Board shall, in accordance with the Constitution of this organization and decisions of the Convention, manage organization affairs, review budget request proposed by the standing committees, and propose to the Convention related motions.

Section 3.

The Executive Board shall hold at least one meeting in every two months. The President shall request a special Board meeting whenever necessary. A Board meeting shall be convened upon the request of four Board members.

Section 4.

The meeting of the Executive Board shall be convened with the presence of no less than six Board members.

Article 7. The Standing Committees

Section 1.

This organization shall have a Human Resource Committee, a Publication Committee, a Fundraising Committee and an Electronic Information Committee. Members of all Committees shall be elected in the Convention. The vacancy of Committee membership shall be filled by the general members by mail vote.

Section 2.

The Human Resource Committee shall have five to seven members. The Committee shall collect information regarding researchers engaging in Taiwan studies, and report the results to the Convention and Executive Board.

Section 3.

The Publication Committee shall have five members. The Committee shall handle publication affairs regarding the papers presented in the annual conference, and report the results to the Convention and Executive Board.

Section 4.

The Funding Committee shall have five to seven members. The Committee shall campaign for the funding of this organization, and report the results to the Convention and Executive Board.

Section 5.

Members in each Committee shall elect the chair of the Committee. A member shall not chair more than one Committee. Regular Members not belonging to a specific Committee shall participate in the discussion and operation of the Committee, but not be allowed to vote regarding Committee decisions.

Section 6.

Each Committee shall consult the members of this organization regarding their willingness and capacity to join the Committees, and propose candidates of Committee members in re-election.

Article 8. Rules of Order

In accordance with the requirements, Constitution, and decisions of this organization, rules stipulated in the newest version of the Robert's Rules of Order shall be used in this organization.

Article 9. Amendment of the Constitution

This Constitution shall be amended by a resolution of no less than two-thirds of the members present at a Convention. All motions of amendment shall be submitted to the Secretary before the convening of the Convention.

附錄 5

NATSA 組織章程（2002 年修訂版）

Constitution of the North American Taiwan Studies Association

Adopted as amended on June 20th, 2002

Article 1. Name

The name of the society shall be The North American Taiwan Studies Association.

Article 2. The Objectives

The organization and function of the association shall be solely educational. The objective of the association shall be to promote Taiwan studies. Academic conferences organized by this association shall be for this purpose. This association shall not be involved in any activities that would influence legislation in the United States, nor participating in any campaign for public office. In addition, no individual shall gain profits from the income of this association.

Article 3. Member

Section 1.

Any individual who engages in Taiwan studies, or is interested in promoting Taiwan studies, is eligible to apply to become a member.

Section 2.

A person who wishes to become a member shall submit an application to the association. Membership shall be activated upon the payment of membership fee. The annual membership fee is included in the registration fee for the North American Taiwan Studies annual conference.

Section 3.

Members have the right to participate in the Convention, make proposal, participate in discussion, vote, and be elected as the Officers. Members who are not elected as the Officers or members of the standing committees shall participate in at least one Standing Committee.

Section 4.

The Secretary shall be notified of the withdrawal of membership, and report the withdrawal of membership in the nearest Executive Board meeting.

Section 5.

Members of this organization shall not be discriminated against based on ethnicity, religious belief, kinship, sex, age, political belief, sexual orientation, physical feature, or marital status.

Article 4. Convention

Section 1.

This organization shall hold a Convention each year. The Secretary shall notify the members one month before the Convention.

Section 2.

The Convention shall elect three members to compose the Audit Committee to examine the accounts of this organization, and report the result to the Executive Board within two months.

Section 3.

The Convention shall be convened with the presence of no less than a quarter of the members.

Article 5. Organization

The association shall have one President and two Regular Committees -- the Administrative Committee and the Preparation Committee. The Administrative Committee shall have five to seven members, and shall be composed of the Secretary Committee, the Treasurer Committee, the Internet Committee, and the Conference Local Committee. The Conference Preparation Committee shall have five to seven members.

Article 6. President

The President shall be elected by the members in the Convention. The president shall represent the association, and shall confer with the Committees in dealing with organization affairs. In the event of the incapacity of the President, the Acting-President shall be designated in the following order: 1. the Conference Committee coordinator; 2. the Administrative Committee coordinator.

Article 7. Special Committee

The President may set up a Special Committee and appoint a Coordinator in case that is necessary. The Special Committee shall submit a report in the Convention.

Article 8. Administrative Committee

Section 1.

The Administrative Committee shall be composed of the Secretary Committee, the Financial Committee, the Internet Committee, and the Conference Local Committee. Members of the Administrative Committee other than the Conference Local Committee shall be elected in the Convention. The Coordinator shall be selected from and by Members of the Secretary Committee, the Treasurer Committee and the Internet Committee.

Section 2.

The Coordinator shall hold at least one Administrative Committee meeting every two months to discuss and handle administrative affairs.

Section 3.

The Secretary Committee shall transcribe and keep the record of the Convention, keep the documents and properties of this organization, open the mailbox of this organization, produce the mailing list of members, transfer letters to the Committees in charge, and mail to members the records of Committee meetings.

Section 4.

The Treasurer Committee shall be in charge of fundraising, prepare budget to be submitted to the Administrative Committee for review, act upon budget, keep the bank account of the association, manage organization finance according to the decisions of the Convention and the Conference Preparation Committee, prepare the account book. The Treasurer shall issue receipt for all donations with signature within one month after receiving the payment.

Section 5.

The Internet Committee shall maintain and update the website of the association, and shall be in charge of Internet related matters.

Section 6.

The Conference Local Committee shall have a coordinator and several members. An individual who is not a member of the association is eligible to be a member of the Conference Local Committee other than the coordinator. The coordinator may submit the Conference Preparation Proposal for the next Annual Conference before or after the Convention to the President. The President shall discuss the proposal with coordinators of all Committees. A decision by majority shall be made after the discussion.The coordinator shall organize the Conference Local Committee in the location where the annual conference shall take place. The Conference Local Committee shall be responsible for all administrative affairs in that location.

Article 9. Conference Preparation Committee

Section 1.

Members of the Conference Preparation Committeeshall be elected in the Convention. A coordinator shall be selected by and from all members of the Conference Preparation Committee.

Section 2.

The coordinator shall hold at least one meeting every two months and confer with members of the Conference Preparation Committee on its business. The coordinator may call for a provisional meeting whenever the President or at least three members of any Committee deem necessary.

Section 3.

The Conference Preparation Committee shall be responsible for matters relating to the program of the annual North American Taiwan Studies Conference, manage organizational affairs in accordance with decisions of the Convention when the Convention is in recess.

The Conference Preparation Committee shall submit a conference preparation report and suggestions to the Convention.

Article 10. Rules of Order

In accordance with the requirements, Constitution, and decisions of the association, rules stipulated in the newest version of the Robert's Rules of Order shall be used in this organization.

Article 11. Amendment of the Constitution

This Constitution shall be amended by a resolution of no less than two-thirds ofthe members present at a Convention. All motions of amendment shall be submitted to the Secretary Committee before the convening of the Convention.

NATSA 登記為非營利組織的文件

3186015

State of California
Secretary of State

I, DEBRA BOWEN, Secretary of State of the State of California, hereby certify:

That the attached transcript of 1 page(s) has been compared with the record on file in this office, of which it purports to be a copy, and that it is full, true and correct.

IN WITNESS WHEREOF, I execute this certificate and affix the Great Seal of the State of California this day of

FEB 2 2009

DEBRA BOWEN
Secretary of State

Sec/State Form CE-107 (REV 1/2007)

OSP 08 111441